30 Minuten

Web3: KI, Metaverse und Blockchain

Annette Doms

Externe Links wurden bis zum Zeitpunkt der Drucklegung des Buches geprüft. Auf etwaige Änderungen zu einem späteren Zeitpunkt hat der Verlag keinen Einfluss. Eine Haftung des Verlags ist daher ausgeschlossen.

Bibliografische Information der Deutschen Nationalbibliothek. Die Deutsche Nationalbibliothek verzeichnet diese Publikation in der Deutschen Nationalbibliografie; detaillierte bibliografische Daten sind im Internet über http://dnb.d-nb.de abrufbar.

ISBN 978-3-96739-221-0

Umschlaggestaltung: Zerosoft, Timisoara (Rumänien)
Umschlagkonzept: Buddelschiff, Stuttgart | www.buddelschiff.de
Lektorat: Silke Martin, Kriftel
Autorinnenfoto: Fritz Beck
Satz und Layout: Zerosoft, Timisoara (Rumänien)
Druck und Bindung: Salzland Druck, Staßfurt

© 2024 GABAL Verlag GmbH, Offenbach

Ein Hinweis zu gendergerechter Sprache: Die Entscheidung, in welcher Form alle Geschlechter angesprochen werden, obliegt den jeweiligen Verfassenden.

Wir drucken in Deutschland.

www.gabal-verlag.de
www.gabal-magazin.de
www.twitter.com/gabalbuecher
www.facebook.com/gabalbuecher
www.instagram.com/gabalbuecher

PEFC-zertifiziert
Dieses Produkt stammt aus nachhaltig bewirtschafteten Wäldern und kontrollierten Quellen
PEFC/04-31-2251 www.pefc.de

Wir übernehmen Verantwortung! Ökologisch und sozial!
- Verzicht auf Plastik: kein Einschweißen der Bücher in Folie
- Nachhaltige Produktion: Verwendung von Papier aus nachhaltig bewirtschafteten Wäldern, PEFC-zertifiziert
- Stärkung des Wirtschaftsstandorts Deutschland: Herstellung und Druck in Deutschland

Wissen auf den Punkt gebracht

Dieses Buch ist so konzipiert, dass Sie in kurzer Zeit prägnante und fundierte Informationen aufnehmen können. Mithilfe eines Leitsystems werden Sie durch das Buch geführt. Es erlaubt Ihnen, innerhalb Ihres persönlichen Zeitkontingents (von 10 bis 30 Minuten) das Wesentliche zu erfassen.

Kurze Lesezeit

In 30 Minuten können Sie das ganze Buch lesen. Wenn Sie weniger Zeit haben, lesen Sie gezielt nur die Stellen, die für Sie wichtige Informationen beinhalten.

- Schlüsselfragen mit Seitenverweisen zu Beginn eines jeden Kapitels erlauben eine schnelle Orientierung: Sie blättern direkt zu dem Thema, das Sie besonders interessiert.
- **Zahlreiche Zusammenfassungen innerhalb der Kapitel erlauben das schnelle Querlesen.**
- Ein Fast Reader am Ende des Buches fasst alle wichtigen Aspekte zusammen.
- Ein Register erleichtert das Nachschlagen.

Inhalt

Herzlichen Glückwunsch!

Der GABAL Verlag startet mit diesem Buch mit der Vergabe von kostenlosen Mitglieds-Token. Durch den Mint Ihres Mitglieds-Tokens haben Sie Zugang zu einer wachsenden Literatur-Community und exklusiven Angeboten des GABAL Verlages.

So minten Sie:

1) Installieren Sie eine digitale Wallet (z.B. MetaMask), um Ihre Token aufzubewahren
2) Scannen Sie den QR-Code
3) Willkommen im Web3

Vorwort

Stellen Sie sich eine Zukunft vor, in der Sie nicht als Nutzer, sondern als Eigentümer durch das Internet navigieren. Ein Internet, das nicht länger von einer kleinen Gruppe von Großkonzernen wie Google, Meta (ehemals Facebook) oder Apple kontrolliert wird, sondern in dem Sie als User die Kontrolle über Ihre Daten und jegliche Form von Inhalten zurückerlangen. Eine Zukunft, in der Sie direkt mit anderen handeln und Transaktionen durchführen können, ohne dass Intermediäre dazwischentreten, um mit Ihren Daten Geld zu verdienen. Eine Zukunft, in der Sie mit Ihrer digitalen Identität auch von der Entwicklung und dem Erfolg anderer Unternehmen profitieren können.

Hört sich das gut an? Diese Vision ist keine Utopie, sondern wird durch die Technologien des Web3 Realität.

Web3 steht für eine neue Ära des Internets, die auf Dezentralisierung, Automatisierung, digitales Eigentum, Transparenz, Integrität und Nutzerzentrierung setzt.

Die Grundlage für diese nächste Evolutionsstufe des Internets bildet primär die Blockchain-Technologie und wird durch die Themen Metaverse und Künstliche Intelligenz (KI) ergänzt.

Die Entwicklungen schreiten dabei rasant voran. Wir leben in einer Zeit, in der eine Vielzahl bahnbrechender innovativer Technologien gleichzeitig aufeinanderstoßen und tiefgreifende Veränderungen für unsere Gesellschaft, Wirtschaft und Kultur bewirken. Die Reichweite der digitalen Revolution ist dabei so groß, dass sie noch umfassende-re Auswirkungen auf uns Menschen haben wird als einst die industrielle Revolution.

Lassen Sie uns deshalb auf Entdeckungsreise gehen, um das Web3 zu erkunden. Erfahren Sie, wie Blockchain-Technologien und Kryptowährungen funktionieren, wie dezentralisierte Anwendungen (dApps) und dezentrale autonome Organisationen (DAOs) das Internet bereits verändern und welche Auswirkungen das Web3 in Verbindung mit KI und virtuellen Welten auf Ihre persönliche Zukunft – als Unternehmer und als Privatperson – haben wird.

Sind Sie bereit, in diese Zukunft einzutauchen?

Ihre Annette Doms

Für einen besseren Lesefluss haben wir auf genderbezogene Formulierungen verzichtet. Selbstverständlich sind immer alle Geschlechter gemeint, auch wenn explizit nur eines angesprochen wird.

1. Die Geschichte des Internets

Die Entwicklung des Computers hat in den letzten Jahrzehnten zu zahlreichen bahnbrechenden technologischen Fortschritten geführt. Von Großrechnern in den 1950er- und 1960er-Jahren über Mikrocomputer in den 1970er-Jahren bis hin zum Personal Computer (PC) in den 1980er-Jahren hat sich die Computertechnologie rasant weiterentwickelt, sowohl im Bereich der Hardware als auch im Bereich der Software.

Mit dem Durchbruch des Internets (1989) und der Einführung mobiler Endgeräte wie dem iPhone (2007) ist das Internet in vielen Bereichen unseres Lebens zu einem unverzichtbaren virtuellen Raum geworden.

Aktuelle Technologien wie Blockchain, Metaverse und Künstliche Intelligenz leiten den nächsten Zyklus der Internetgeschichte ein.

Sie werden die Art und Weise, wie wir das Internet nutzen, umfassend verändern und Lösungen schaffen, die bisher nicht möglich waren.

1.1 Web 1.0 (read)

Das Internet entstand in den späten 1960er-Jahren, als Forscher wie J. C. R. Licklider und die US-Regierungsbehörde ARPA Konzepte für ein dezentrales Kommunikationsnetzwerk entwickelten.

Vom ARPANET zum World Wide Web

1969 betrat der erste Mann den Mond. 1969 wurde auch der Grundstein für das erste Online-Netzwerk zwischen den 400 Meilen voneinander entfernten Computern der Universitäten UCLA und Stanford in Kalifornien gelegt: das ARPANET.

Das Standardverfahren, mit dem Computer miteinander kommunizieren können, ist ein Protokoll. Das Transmission Control Protocol (TCP) sowie das Internet Protocol (IP) von ARPANET realisierten bereits in den frühen 1970er-Jahren eine globale Vernetzung von Computern. Das Simple Mail Transfer Protocol (SMTP) ermöglichte den Versand von E-Mails. 1989, während seiner Forschungsarbeiten am Schweizer CERN, entwickelte der britische Informatiker Tim Berners-Lee die grundlegenden Technologien des World Wide Web: die Hypertext Markup Language (HTML), das Hypertext Transfer Protocol (HTTP) und das Uniform Resource Locator (URL) System.

Open-Source-Protokolle

Die erste Web-Version basierte auf offenen Protokollen. Sie steuerten den Fluss an statischen Informationen im Internet, ohne dass die Nutzer für den Zugang zahlen mussten. TCP und IP gewährleisteten eine zuverlässige Datenübertragung über das Netzwerk. HTML machte die Erstellung von Webseiten mit Hyperlinks und grafischen Benutzeroberflächen möglich. HTTP wiederum gewährte den Zugriff auf Webseiten und das Abrufen von Informationen.

Suchmaschinen und Handel

In den 1990er-Jahren gelang mit der Verbreitung und kommerziellen Nutzung des World Wide Web zwischen Unternehmen und Kunden der weltweite Durchbruch des Internets. Erste Webkataloge wie Yahoo! oder Altavista ermöglichten es den frühen Nutzern, das wachsende Netzwerk zu durchsuchen, und markierten den Beginn der Suchmaschinenära. Amazon und eBay eröffneten die ersten Online-Shops, in denen Kunden per E-Mail im Versandhandel einkaufen konnten.

Die erste Ära des Webs, bekannt als Web 1.0, erstreckte sich von den frühen 1990er- bis zur Mitte der 2000er-Jahre. Es bestand aus statischen Webseiten und Inhalten, die von Unternehmen und Einzelpersonen veröffentlicht wurden und ausschließlich passiv konsumiert werden konnten. Das Web 1.0 wird als „Read-Ära" bezeichnet, da es aufs Lesen beschränkt war und hauptsächlich zur Informationsbeschaffung genutzt wurde. Sämtliche Daten wurden zentral auf Servern gespeichert.

1.2 Web 2.0 (write)

Das Web 2.0 ist die nächste Stufe der Internetentwicklung, die auf den freien und offenen Protokollen des Internets aufbaut. Ein wichtiger Fortschritt war, dass Nutzer im Gegensatz zum Web 1.0 nun auch selbst Inhalte hinzufügen konnten.

Corporate Networks

Ermöglicht wurde dies durch den Übergang von offenen Protocol Networks zu zentral gesteuerten Corporate Networks. Corporate Networks stehen zwischen Nutzern, Entwicklern und Schöpfern des Internets und betreiben eigene Netzwerke als Dienstleistung. Sie haben die volle Kontrolle über ihre jederzeit anpassbaren Allgemeinen Geschäftsbedingungen, Geldflüsse und die Daten der Nutzer.

Soziale Medien und Cloud-Computing

Corporate Networks ermöglichen Internetnutzern, ihre Inhalte – Texte, Fotos, Videos, Audiodateien – ins Web zu stellen und mit anderen zu teilen, vornehmlich auf sozialen Netzwerken wie Meta (ehemals Facebook), X (ehemals Twitter), Instagram oder TikTok. Im Kontext von Web 2.0 bietet Cloud Computing dabei eine flexible und skalierbare Möglichkeit, um Daten und Anwendungen auf den Webservern der Anbieter zu speichern, zu verarbeiten und bereitzustellen, ohne dass Nutzer sich um die physische Infrastruktur kümmern müssen. Im Gegenzug erhalten Web-2.0-Anbieter ein Silo aus persönlichen Nutzerdaten wie Suchanfragen,

Vorlieben, Interessen oder GPS-Signalen. Aus den Daten werden soziale Graphen erstellt, die von Werbetreibenden äußerst profitabel genutzt werden. Viele Nutzer sind sich allerdings nicht bewusst, welche Daten über sie gesammelt und wie sie verwendet werden.

Die zweite Phase des Internets, das Web 2.0, ermöglicht eine dynamische Interaktion zwischen Nutzern und Web-seiten. Die Daten der Nutzer werden dabei auf zentralen Servern der Plattformen gespeichert. Nutzer werden aktive Teilnehmer des Internets, indem sie Inhalte veröffentlichen, kommentieren, bewerten oder teilen. Da Inhalte sowohl gelesen als auch geschrieben werden können, wird das Web 2.0 auch als die „Read-Write-Ära" bezeichnet. Das Geschäftsmodell basiert auf dem Verkauf von Nutzerdaten, wodurch der Nutzer selbst zum Produkt wird.

1.3 Web3 (own)

Mit der Entwicklung von Protocol Networks zu Corporate Networks hat das Web den ursprünglichen Charakter eines dezentralen, demokratischen Netzwerks verloren. Eine neue Netzwerkarchitektur auf Basis der Blockchain-Technologie kann die einseitige Ausrichtung auf den Konsum von Nutzerdaten durch Unternehmensnetzwerke des Web 2.0 lösen. Sie kombiniert die herausragenden Merkmale früherer Netzwerke mit den Bedürfnissen und Interessen der Erbauer, Betreiber und Nutzer des World Wide Web von heute.

Blockchain

Die Blockchain-Technologie bildet dabei die Grundlage der neuen Version des World Wide Web: des Web3. Sie verspricht die Rückkehr zu den Wurzeln des Internets und ist aufgrund ihrer Eigenschaften ein offeneres, transparenteres und widerstandsfähigeres Netzwerk als das, was wir heute kennen. Der Begriff Web3 konzentriert sich dabei ganz auf das Thema Blockchain, während die Bezeichnung Web 3.0 allgemein die nächste Iteration des Internets als Ganzes beschreibt.

Was die Blockchain genau ist und wie sie funktioniert, wird in Kapitel 2 erklärt. Als dezentrale Datenbank eignet sie sich jedenfalls hervorragend für den digitalen Wertetransfer. Zwei Aspekte sind hier besonders ausschlaggebend.

1. Dezentralisierung

Dezentralität bedeutet die Abwesenheit eines zentralen Punktes oder einer zentralen Autorität in einem System. Die Blockchain-Technologie basiert auf einem solchen dezentralen System, das die Daten des Internets nicht länger auf zentralen Servern speichert, sondern auf verschiedenen Knotenpunkten, sogenannten „nodes". Dadurch werden Daten im Netzwerk auf mehrere Teilnehmer verteilt. Die Knoten arbeiten autonom und koordinieren sich miteinander, um das Rechennetzwerk zu betreiben und zu erhalten. Dezentralität kennt keinen Kult um eine Person oder eine Firma. Sie basiert auf Mathematik und kann die Infrastruktur des bisherigen Internets ersetzen. Die Blockchain sorgt für mehr Transparenz und Sicherheit im digitalen Datenverkehr. Ihr System ist vertrauenswürdiger und widerstandsfähiger gegen Ausfälle und Zensuren. Zudem eröffnet sie durch digitale Vermögenswerte (Token) die Möglichkeit des Besitzes im digitalen Raum.

2. Token-Ökonomie

Im Bereich der Blockchain spielen digitale Einheiten, bekannt als Token, zur Vereinfachung von Transaktionen eine wesentliche Rolle. Wahrscheinlich sind Ihnen Token aus dem Finanzwesen oder als Währungseinheit bekannt. Im eigentlichen Sinne bieten sie jedoch in erster Linie eine technische Struktur, um den Austausch von Werten, die Teilnahme an spezifischen Netzwerkaktivitäten, das Stimmrecht bei Abstimmungen oder sogar den Zugang zu bestimmten Diensten zu ermöglichen.

Token sind einfach zu programmieren und können Eigentum wie auch Anteile an Vermögenswerten jeglicher Art (physisch wie digital) repräsentieren. Darüber hinaus können Token auch Zertifikate, Kaufurkunden, Universitätsabschlüsse, Aktien oder Treuepunkte darstellen.

Alles, was als Code darstellbar ist, kann zu einem Token werden, der genutzt, gehandelt, gespeichert oder transferiert werden kann. Der Transfer findet zwischen digitalen Wallets auf einer Blockchain statt.

Die nächste Evolutionsstufe des Internets zielt auf ein dezentrales, nutzergesteuertes Web ab. Grundlage dafür sind die Blockchain-Technologie und die Einführung der Token-Ökonomie. Sie bieten Kontrolle, Vertrauen und Transparenz

im Datenverkehr und ermöglichen es Nutzern, sämtliche Internetdaten tatsächlich zu besitzen. Das Web3 wird daher als die „Read-Write-Own-Ära" bezeichnet und stellt das Internet der digitalen Originale dar.

1.4 Notwendigkeit von Veränderungen

Das aktuelle Web 2.0 ist mit Problemen wie Monopolbildung, Datenschutzverletzungen und Zensuren von zentralisierten Webplattformen konfrontiert. Der Durchbruch der Künstlichen Intelligenz sowie die durch die Corona-Pandemie verstärkte Verlagerung von Businessmodellen in den virtuellen Raum verstärken diese Probleme.

Suche nach alternativen Lösungen

Immer mehr Nutzer sind sich dessen bewusst und suchen nach alternativen Lösungen, um ihren Daten und Online-Aktivitäten mehr Sicherheit zu geben.

Die Blockchain als Schlüsseltechnologie für das Web3 bietet transparente und vertrauensvolle Lösungen: Ihre dezentralen Netzwerkarchitekturen, Datenverschlüsselungen durch Kryptografie und der Datentransfer mit Token eignen sich hervorragend für die Verwaltung des Internets. Diese Technologie hat sich im Laufe der Jahre weiterentwickelt und heute eine Reife erlangt, die zu einer verbesserten Skalierbarkeit, Sicherheit und Benutzerfreundlichkeit führt.

Die Zukunft gehört Web3

Web3 verspricht, Nutzerbedürfnisse besser zu erfüllen als das Web 2.0. Entwickler, Start-ups und etablierte Unternehmen investieren aktuell in Web3-Projekte und deren Basistechnologie Blockchain mit dem Ziel, die Transformation hin zu einem dezentralen Internet voranzutreiben.

Das Internet befindet sich in ständiger Weiterentwicklung, angetrieben durch neue Technologien.

- Das Web 1.0 bestand aus statischen Webseiten zur passiven Informationsbeschaffung.
- Das Web 2.0 ermöglicht interaktive Inhalte und zentrale Datenspeicherung.
- Das Web3 nutzt die Blockchain-Technologie, um die ursprüngliche Vision eines dezentralen, nutzerorientierten Netzwerkes wiederzubeleben.
- Dies ermöglicht nicht nur neue Formen der digitalen Interaktionen, sondern auch echtes Eigentum im Internet.
- Das Web3 hat das Potenzial, die derzeitige Vormachtstellung weniger großer Tech-Konzerne herauszufordern und uns Nutzern mehr Kontrolle und Rechte über unsere digitalen Aktivitäten zu geben.

Wie funktioniert die Blockchain-Technologie?

Seite 20

Wo wird die Blockchain bereits eingesetzt?

Seite 23

Welche Funktion erfüllt die Blockchain im Web3?

Seite 25

2. Grundlagen der Blockchain

2008 veröffentlichte eine Person oder Gruppe unter dem Pseudonym Satoshi Nakamoto in einem kurz und brillant formulierten Whitepaper das Blockchain-Konzept.[1] Es beschreibt die heute weltweit bekannte Bitcoin-Blockchain als elektronisches Peer-to-Peer-Bezahlsystem. Das zugrunde liegende Konzept sorgt dafür, dass Zahlungen zwischen zwei Parteien dezentral, transparent und direkt – ohne die Notwendigkeit von Intermediären – verlaufen.

Zahlungssysteme sind dabei nur eine Anwendung auf Basis der Blockchain-Technologie. Das viel größere Potenzial ihrer Eigenschaften wurde von vielen Entwicklern sehr schnell als zukunftsweisende Effizienztechnologie erkannt. Durch ihre ständige Weiterentwicklung hat sich die Blockchain heute für viele Branchen als Schlüsseltechnologie erwiesen. In dem vorliegenden Buch wird Ihnen eine kleine Auswahl an Anwendungsmöglichkeiten vorgestellt, die zeigt, wie die Blockchain sämtliche Wertschöpfungsmodelle erneuern oder verändern kann. 2024 existieren Tausende von Blockchain-Systemen mit vielfältigen Funktionsweisen. Im größeren Kontext spricht man von der sogenannten Distributed-Ledger-Technologie (DLT).

2.1 Wie die Blockchain funktioniert

Die Blockchain ist eine dezentrale Datenbank, die Daten in Form von hintereinander gereihten Blöcken (wie bei einer Kette) speichert. Jeder Block ist durch Hash-Werte, also kryptografische Prüfsummen, mit dem vorherigen Block verknüpft und garantiert so dessen Integrität. Ihre Struktur ist vergleichbar mit einem Kassenbuch.

Es ist nicht zwingend notwendig, die facettenreiche Technologie der Blockchain zu verstehen, so wie wir auch nicht den Quellcode des Internets verstehen müssen, um eine Webseite zu besuchen, oder die Anzahl von Bits und Bytes im Smartphone, wenn wir Daten versenden. Viel wichtiger ist ihr Konzept als solches.

Die Kenntnis über folgende Merkmale kann jedoch dazu beitragen, die Potenziale der Blockchain-Technologie als sicheres und integeres Instrument anzuerkennen.

Kryptografie

Die Kryptografie basiert auf mathematischen Verschlüsselungs- und Entschlüsselungsverfahren, die zur Sicherung der Nutzeridentität und zum Validieren von Transaktionen verwendet werden. Sie beruht auf der Aneinanderreihung von Buchstaben, Zahlen und Sonderzeichen mit dem Ziel, Daten vor unbefugtem Zugriff zu schützen. In der Blockchain-Technologie wird Kryptografie vielseitig eingesetzt. Ein Beispiel dafür ist die Verwendung von öffentlichen Schlüsseln (Public Keys), die den Benutzern von Blockchains zugeordnet sind. Sie ermöglichen, Transaktionen in einem

Blockchain-Netzwerk zu verifizieren. Ein weiterer wichtiger Einsatz ist die Verwendung von privaten Schlüsseln (Private Keys). Diese ermöglichen es den Benutzern, auf ihre digitalen Vermögenswerte zuzugreifen und Transaktionen zu signieren. Private Keys sind geheime Schlüssel, die nur dem Nutzer bekannt sein sollten. Es ist wichtig, sie sicher aufzubewahren, idealerweise offline.

Die Verwaltung der Public und Private Keys findet über eine verknüpfte Krypto-Wallet statt (siehe hierzu Kapitel 4.1). Übertragen auf die analoge Welt, wäre die Blockchain die Bank, der Public Key die IBAN-Kontonummer und der Private Key die PIN bzw. der Unterschriftscode.

Konsensmechanismen

Die Blockchain ist wie ein öffentliches Buch, in dem alle Transaktionen gespeichert werden. Damit alle im Netzwerk einer Meinung sind und auch die gleichen Informationen haben, gibt es spezielle Regeln und Verfahren, um sicherzustellen, dass alle Transaktionen richtig sind. Neue Transaktionen und Datenblöcke werden von teilnehmenden Computern überprüft und hinzugefügt. Es gibt zwei Hauptmethoden, um neue Daten hinzuzufügen:

- **Proof of Work:** Viele Computer (genannt „Miner") lösen schwierige Rechenaufgaben. Der, der die Aufgabe zuerst löst, darf einen neuen Block zur Blockchain hinzufügen.
- **Proof of Stake:** Bestimmte Computer (genannt „Validatoren") werden aufgrund ihrer finanziellen Beteiligung am System (Stakes) ausgewählt, um neue Blöcke hinzuzufügen.

Computer, die erfolgreich einen Block hinzufügen, bekommen dafür eine Belohnung in Form von digitalen Münzen (Kryptogeld). Die Reihenfolge der Transaktionen kann nicht nachträglich geändert werden, da die Blöcke linear miteinander verbunden sind. Die Blockchain gilt dadurch als fälschungssicher.

Smart Contracts

Smart Contracts sind selbstausführende Verträge, die als Software auf der Blockchain laufen. Sie werden in Programmiersprache, also von Entwicklern, geschrieben und bestehen aus Code, der die Bedingungen und Abläufe des jeweiligen Vertrags definiert. Einmal geschrieben, werden sie auf der Blockchain veröffentlicht und automatisiert ausgeführt. Verträge werden dadurch ohne die Notwendigkeit eines Intermediärs verifiziert. Der Eintrag muss entsprechend fehlerfrei und präzise formuliert sein.

Technisch gesehen ist die Blockchain ein dezentral verteiltes, unveränderliches Transaktionsregister, das Datensätze – kryptografisch versiegelt – in Form von Blöcken in chronologischer Reihenfolge speichert und archiviert. Menschen sind verantwortlich für die Einrichtung, Wartung und Steuerung der Systeme. Die technischen Aufgaben führen Computer aus. Dezentralität bedeutet, dass alle Teilnehmer des Netzwerkes eine vollständige und identische Kopie der gesamten Blockchain auf ihrem lokalen Speicher besitzen, sodass die Daten niemals verloren gehen können.

2.2 Arten und Anwendungsfelder

Die Blockchain-Landschaft ist äußerst dynamisch und facettenreich. Die bekanntesten Blockchains mit der größten Marktkapitalisierung sind Bitcoin und Ethereum. Im Jahr 2024 gibt es über tausend verschiedene Blockchains (beliebt sind Base, Polygon, Tezos, Solana, Cardano). Ihre Anzahl wächst stetig, da täglich neue Projekte, Anwendungsfälle, Funktionen und Technologien hinzukommen. Dabei gibt es verschiedene Arten von Blockchains, die sich je nach Nutzen in ihrer Architektur unterscheiden.

Öffentliche Blockchains (Permissionless Networks)

Öffentliche Blockchains sind vollständig dezentralisierte Netzwerke ohne Kontrollinstanz. Jeder kann am Netzwerk teilnehmen, Transaktionen durchführen und Blöcke validieren. Die Blockchain-Daten sind öffentlich einsehbar und somit transparent.

- Anwendungsfälle: Kryptowährungen, dezentrale Finanzdienstleistungen (DeFi), dezentralisierte Anwendungen (dApps) in Spielen, Social Media oder Smart Contracts, Handelsmarktplätze etc.
- Beispiele: Bitcoin, Ethereum, Solana, Tezos oder Litecoin

Private Blockchains (Permissioned Networks)

Private Blockchains haben maßgeschneiderte Funktionen und Eigenschaften für spezifische Anwendungsfälle oder Branchen. Sie werden von Organisationen kontrolliert, die sensible Daten, Transaktionen oder interne Prozesse verwalten. Design, Protokolle und Funktionen sind gezielt auf den jeweiligen Zweck zugeschnitten. Der Zugriff erfolgt durch autorisierte Teilnehmer innerhalb der Organisation.

- Anwendungsfälle: Gesundheitswesen, Vertragsmanagement, Finanz- und Rechnungswesen, Identitätsmanagement, Lieferkettenmanagement
- Beispiele: Hyperledger Fabric, Ripple, Quorum, VeChain

Konsortium-Blockchains

Bei dieser Art von Blockchain wird die Kontrolle und Verwaltung über ein Netzwerk zwischen mehreren vertrauenswürdigen Interessenvertretern aufgeteilt. Konsortium-Blockchains gelten für Ökosysteme mit mehreren Partnern und schaffen Vertrauen und Transparenz für alle Nutzer innerhalb dieses Netzwerkes.

- Anwendungsfälle: Luxusmarkenprodukte, Gesundheitswesen, Lieferketten, Energiewirtschaft, Finanzdienstleistungen
- Beispiele: Interbank Information Network von JPMorgan, R3 Corda, Energy Web Chain, Aura Blockchain Consortium

Hybride Blockchains

Hybride Blockchains vereinen die Vorteile sowohl privater als auch öffentlicher Netzwerke, indem sie öffentlich zugängliche Daten anbieten und gleichzeitig Zugangsbeschränkungen für vertrauliche Transaktionen und Datenschutz gewährleisten.

- Anwendungsfälle: Finanztransaktionen, IoT-Anwendungen, Identitätsmanagement
- Beispiele: Hyperledger Fabric, Dragonchain, Quorum

Verschiedene Arten von Blockchains bieten eine breite Palette an Flexibilität und Anpassungsfähigkeit, um den vielfältigen Bedürfnissen ihrer Nutzer gerecht zu werden. Je nach Anwendungsfall können Nutzer von den spezifischen Eigenschaften einer Blockchain profitieren, sei es Dezentralisierung, Effizienz, Sicherheit oder Kontrolle.

2.3 Die Blockchain im Web3

Die Blockchain-Technologie ist das Schlüsselelement für eine neue, dezentrale Ära des Internets: das Web3. Transaktionen werden direkt zwischen Nutzern über Smart Contracts abgewickelt, ohne dass eine zentrale Instanz benötigt wird. Digitale Vermögenswerte und Inhalte im Web3 werden durch Token-Verknüpfungen zum Eigentum. Selbstverwaltete Identitätssysteme (Self-Sovereign Identity) geben Nutzern die Kontrolle über ihre persönlichen Daten zurück. Dezentralisierte Anwendungen (dApps) schützen vor Datenmanipulationen und sind weniger anfällig für Hackerangriffe.

Die Blockchain als virtueller Computer im Web3

Im Web3 fungiert die Blockchain wie ein virtueller Computer, der eine Ebene über den bestehenden Netzwerken liegt.

Geschäftsprozesse werden durch Software mithilfe von Smart Contracts umgesetzt, und digitale Werte werden durch Token repräsentiert, die oft auch mit Smart Contracts verknüpft sind. Der Vorteil: Software, die auf der Blockchain geschrieben wird, kann nicht mehr durch Menschen oder Corporates verändert werden. Sie läuft dezentral, auf vielen Computern verteilt, und wird automatisch in Echtzeit durch Code kontrolliert.

Software

Blockchain-basierte Software braucht keine Aktualisierungen und ist wie die Blockchain selbst vor Manipulationen geschützt. Die Bandbreite an Möglichkeiten wird derzeit noch erprobt und in den nächsten Jahren deutlich an Zuwachs gewinnen.

Tech-Visionär Chris Dixon beschreibt Software in Verbindung mit der Blockchain-Technologie als Kunstform, weil ihre Kombination etwas völlig Neues erschafft – etwas, das die derzeitigen Möglichkeiten im Internet grundlegend verändern wird.[2] Innovation und unerwartete Ergebnisse spielen eine zentrale Rolle in der Kunst. Die Idee, dass etwas fundamental Neues geschaffen wird, spiegelt den disruptiven Charakter der Blockchain wider.

Die Blockchain ist ein dezentrales, unveränderliches Transaktionsregister, das Daten in Blöcken speichert. Sie ist eine lösungsorientierte Technologie.
- Nutzer können von verschiedenen Blockchain-Typen profitieren.

- Web3 nutzt Blockchain für Vertrauen und Transparenz, hat jedoch noch einige Herausforderungen zu lösen.
- Fragen zur Skalierbarkeit sowie rechtliche Rahmenbedingungen sind noch nicht abschließend geklärt. Die Einstiegshürden sind derzeit noch hoch, aber langfristig werden Nutzer des Internets von den durch Web3 herbeigeführten Veränderungen profitieren.

Wie gestaltet sich das Web3?

Seite 29

Wie beeinflussen KI und das Metaverse das Web3?

Seite 36

Welche Unternehmen sind bereits im Web3?

Seite 45

3. Web3 in Aktion

Web3 bietet das Versprechen einer dezentralisierten, fairen und nutzerorientierten digitalen Welt. Die Verwirklichung ist in vollem Gange und liegt derzeit in den Händen von Entwicklern, die an innovativen Lösungen arbeiten, Unternehmen, die neue Geschäftsmodelle erproben, Regulierungsbehörden, die den geeigneten Rahmen schaffen, Internetarchitekten, die benutzerfreundliche Systeme umsetzen, und nicht zuletzt Nutzern des Internets, die aktiv an der Gestaltung dieser digitalen Zukunft mitwirken. Sie vernetzen sich bereits zunehmend in dezentralisierten Ökosystemen.

3.1 Digitale Token & Eigentum im Web3

Eine der bedeutendsten Innovationen von Web3 ist die Token-Ökonomie, auch bekannt als Tokenomics.[3] Sie umfasst Regeln und Anreize, die das Verhalten und die Erwartungen der Nutzer eines Netzwerks messbar machen und die Verteilung, Nutzung und den Wert eines Tokens steuern. Der Wert eines Tokens basiert auf Angebot und Nachfrage sowie seiner Nützlichkeit.

Umfassende Tokenisierung

Das zugrunde liegende Konzept ist die „Tokenisierung von allem" („Tokenization of Everything"). Dabei gibt es verschiedene Arten von Blockchain-basierten Token wie zum Beispiel Wertpapier-Token, die Eigen- und Fremdkapitalinstrumente umfassen, Utility Token, die auf Inanspruchnahme eines Produkts oder einer Dienstleistung abzielen, und Kryptowährungs-Token, die wie Münzen 1:1 getauscht werden können. Zudem gibt es nicht austauschbare Token, sogenannte Non-Fungible Token (NFTs), die einzigartige Vermögenswerte darstellen.

NFTs

NFTs haben im Jahr 2021 ein Handelsvolumen von 44,6 Milliarden Dollar generiert. Während die einen mehr oder weniger stillschweigend hofften, es handle sich nur um einen kurzen Hype – um reine Spekulationsgegenstände ohne Wertbeständigkeit –, bejubelten die anderen den Beginn eines neuen Zeitalters.

Kurz erklärt: Ein NFT ist die Verknüpfung einer digitalen Datei mit einem Smart Contract, der auf der Blockchain geschrieben wird. Dadurch entstehen einzigartige Zertifikate, die Eigentumsrechte an digitalen Vermögenswerten belegen. Die Verknappung macht ein NFT begehrenswert. Das Prinzip der Verwandlung von leicht kopierbaren digitalen Sammlerstücken in handelbare Vermögenswerte ist eine Revolution und wird die Art und Weise, wie wir Eigentum im digitalen Zeitalter verwenden, radikal verändern. Alles im Web3 wird zu einem NFT!

Token bieten technische Möglichkeiten für eine Vielzahl von Anwendungsfällen, die unterschiedlich kombiniert werden können. Einige Beispiele sind im Folgenden aufgeführt.

Digitale Sammlerstücke (Digital Collectibles)

Für viele ist es schwer zu verstehen, dass ein NFT alles darstellen kann, was immateriell oder physisch gesammelt wird – sei es ein Foto, ein Video, Gedanken, Momente, Sammlerkarten, Profilbilder, ein Turnschuh oder Immobilien.

Zur Veranschaulichung nehmen wir das Beispiel Kunst. Ein physisches Kunstwerk hängt zu Hause oder in einem Museum und wird durch Dokumente (Rechnungen, Echtheitszertifikate, Versicherungsscheine) belegt. Übertragen in die digitale Welt befindet sich das digitale Kunstwerk in Form eines NFTs nicht im physischen Raum, sondern in der Wallet des Eigentümers. Der Smart Contract bestätigt die Echtheit des Kunstwerkes. Neben dem Eigentumsverhältnis dokumentiert die Blockchain zudem jegliche Art von Transaktionen, wie beispielsweise das Ausleihen für Ausstellungen, wenn das Kunstwerk vorübergehend aus der Besitzer-Wallet in eine Museums-Wallet übertragen wird, oder den Verkauf, bei dem das Kunstwerk in die Wallet des neuen Eigentümers transferiert wird. Wichtig ist, dass auch die Datei dezentral gespeichert wird. Bewährte Systeme sind das InterPlanetary File System (IPFS) oder Filecoin.

Zweiteinkommen mit Token

Die ausführlichere Version dieses 2014 erstmals aufgetretenen Mediums ist wesentlich komplexer. Intelligente Verträge, die seit 2017 an NFT-Standards gekoppelt sind, regeln auch das Urheberrecht eines Werkes, IP-Rechte, Lizenzen oder sogenannte Royalties, also Tantiemen für Kreative, die bei jedem Verkauf im Sekundärmarkt automatisch in die digitale Geldbörse (Wallet) des Produzenten transferiert werden. In der Regel sind dies fünf bis zehn Prozent – für immer gutgeschrieben, zumindest solange es die Blockchain gibt. Darüber hinaus können Token verwendet werden, um profitable Beziehungen zwischen Schöpfern und Verbrauchern zu knüpfen. Künstler, Autoren oder Musiker können beispielsweise Token verdienen, indem sie ihre Inhalte auf eine Blockchain hochladen, und Fans verdienen Token, sobald sie die Inhalte nutzen, kuratieren oder teilen.

Real World Assets (RWA)
Dasselbe Prinzip lässt sich auch bei Real World Assets (RWA) anwenden. Physische Vermögenswerte wie Immobilien, Uhren, Mode oder Luxusprodukte können durch die Verwendung eines eindeutigen Tokens, zum Beispiel in Form eines digitalen Zwillings, repräsentiert und vollständig digital gehandelt werden. Umgekehrt können digitale Vermögenswerte mit physischen Produkten verknüpft werden. Dies erschließt neue Märkte, führt zu neuen Einnahmequellen und schafft Anreize für eine intensivierte Kundenbindung.

Register
Am Beispiel Kunst lassen sich mithilfe der Blockchain noch weitere Prozesse rund um ein Kunstwerk abbilden, die von anderen Dienstleistern (wie beispielsweise Versicherungen

oder Spediteuren) zeit- und kosteneffizient genutzt werden können. Dies gilt für digitale Werke genauso wie für physische Werke. Denn das NFT bzw. die Blockchain kann auch Einsicht in Herkunft, Lagerung, Künstlerbiografien, Ausstellungshistorie, Literaturlisten, Auktionsergebnisse, Versicherungswerte, Zustands- und Restaurationsberichte, Angebote etc. ermöglichen. Die vollkommene Transparenz innerhalb eines solchen Kunstökosystems markiert einen Wendepunkt für die Kunstindustrie und eliminiert bekannte Probleme wie Fälschungen, Diebstahl oder Geldwäsche.

Digitale Identitäten (Digital Identities)

Digitale Identitäten beziehen sich auf die Darstellung von Personen oder Entitäten in der digitalen Welt, wie beispielsweise Nutzernamen, Avatare, Profilbilder oder Domainnamen. NFTs bieten eine interessante Möglichkeit, um einzigartige digitale Identitätsmerkmale wie digitale Pässe oder Ausweise, Qualifikationen, digitale Besitzurkunden, Mitgliedschaften, Berechtigungen oder Reputationen im Zusammenhang mit einer Person oder Entität zu belegen.

POAPs

Proof of Attendance Protocols (POAPs) sind ein sehr beliebtes Instrumentarium der NFT-Welt.[4] Dabei handelt es sich um künstlerisch gestaltete, kreisförmige Abzeichen, die als digitale Zertifikate in einer Wallet gesammelt werden. POAPs kombinieren die Vorteile der Blockchain-Technologie mit dem Konzept von Sammelabzeichen, um eine verlässliche, fälschungssichere Methode zur Dokumentation der Teilnahme an Veranstaltungen oder Aktivitäten zu liefern. POAPs werden in verschiedenen Bereichen verwendet, beispielsweise Events (Festivals, Konferenzen), Bildung (Online-Kurse, Universitätsabschlüsse), Gemeinschaftsaufbau (Community-Treffen), Identitätsmanagement (Visitenkarten) und vieles mehr.

Token-geschützter Zugang (Token-enabled Access)

NFTs können auch verwendet werden, um auf exklusive Inhalte oder Funktionen von Online-Anbietern zuzugreifen. Ihr Besitz dient dann als Nachweis der Zugehörigkeit und gewährt Zugang zu exklusiven Events, Clubs oder Metaverse-Welten.

Verwaltungs-Token (Governance-Token)

Governance-Token gewähren Inhabern ein bestimmtes Stimm- oder Mitspracherecht in Bezug auf die Leitung und Entscheidungsfindung eines Blockchain-basierten Projekts. Zugang, Verwaltung, Anreize und Bezahlung können vollständig über Token erfolgen. Tokenbesitzer haben dadurch Einfluss auf ein Unternehmen. In der Regel sind dies dezentrale, autonome Organisationen, sogenannte DAOs, deren Regeln in Smart Contracts abgebildet werden (siehe Kapitel 4.2). Ein Beispiel aus der Kunst ist die BottoDAO (botto.com) von Mario Klingemann. In der Botto-Community stimmen Token-Inhaber wöchentlich über das im Kollektiv beschlossene Lieblingskunstwerk eines dezentralen autonomen Künstlers ab. Anschließend wird das Werk als NFT geprägt und verkauft, wobei der Erlös zurück in die Gemeinschaft fließt. Durch die Kombination aus KI, Blockchain-Technologie und einer engagierten Community entsteht mit Botto ein beispielloses autonomes Gesamtkunstwerk.

Dezentrale Finanzen (DeFi)

In der Finanz- und Bankenbranche können Token verwendet werden, um Finanzdienstleistungen wie Kreditvergabe, Schuldscheine, Geldanlagen oder Vermögensverwaltung voll automatisiert und damit effizienter zu gestalten. Geldwerte können über Blockchains in Echtzeit transferiert, an Kryptobörsen gehandelt und mithilfe von Smart Contracts geliehen werden. Die Zukunft liegt im „Law of Code", das Vertrauen in Finanztransaktionen und Verträge durch den programmatischen Code in der Blockchain schafft anstatt durch menschliche Interaktion. Dies bedeutet jedoch nicht, dass Menschen vollständig ersetzt werden. Banken werden weiterhin eine wichtige Rolle als vertrauenswürdige Vermittler bei der Verwahrung von Werten spielen.

Selbstbestimmung über digitale Daten ist die Vision des Web3. Nutzer sollen zukünftig als Eigentümer durch das Internet navigieren und ihre Inhalte plattformübergreifend (interoperabel) verwalten können. Das Eigentum erstreckt sich von persönlichen Daten über digitale Identitäten bis hin zu digitalen und physischen Vermögenswerten. Im Web3 wird digitales Eigentum in Form von Token garantiert. Darüber hinaus gewähren sie Zugang zu exklusiven Ökosystemen oder Communities und bieten den Nutzern eine Vielzahl von neuen Anreizmechanismen.

3.2 Das Metaverse im Web3

Das Metaverse ist die zukünftige 3-D-Version des Internets mit neuen Eigenschaften für einen digital erweiterten Wirtschaftsraum und somit neuen Geschäftsmodellen – eine skalierbare Welt, die, beschleunigt durch das Thema Spatial Computing mit der 2023 im Markt eingeführten Apple Vision Pro Brille, ein Gefühl von Präsenz vermittelt und dabei zunehmend virtuelle mit realen Welten vermischt: live, persistent, interoperabel, grenzenlos.

Das Metaverse ist in Kombination mit der Blockchain und Künstlicher Intelligenz eine der **drei Säulen im Web3**:

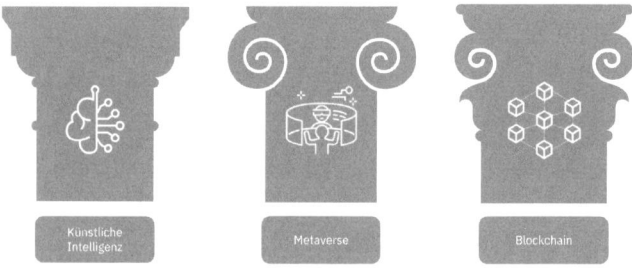

Abb. 1: Die 3 Säulen des Web3

Geschichte des Metaverse

Das Konzept des Metaverse gibt es schon länger in der Literatur (1980: Web of Angels, John M. Ford), im Film (1982: Tron: Legacy, Disney Studios) sowie im realen Leben (1995: Active Worlds | 2003: Second Life). Der Begriff wurde erstmals 1992 in der Novelle „Snowcrash" von Neal Stephenson geprägt. 2021 änderte Facebook seinen Namen in Meta. ABER: Facebook ist nicht das Metaverse! Dennoch ist es seit der Umbenennung in den Köpfen vieler präsent.

Was ist das Metaverse (nicht)?
Eine einheitliche Definition zum Metaverse gibt es nicht. Lassen Sie uns deshalb die Umkehrfrage stellen: Was ist das Metaverse nicht? Die Antwort lautet: Das Metaverse ist kein Videospiel und auch keine rein virtuelle Welt, die nur mit VR-Brille erfahrbar ist. Es befindet sich noch in der Entwicklungsphase, aber E-Commerce findet dort bereits statt.

So, wie es aktuell darstellbar ist, besteht das Metaverse aus einem Netzwerk von vielen virtuellen Welten (wie Fortnite, Roblox, The Sandbox oder Decentraland), die im Web3 langfristig interoperabel als ein großes Metaverse miteinander verbunden sein werden. Dank fortgeschrittener Technologien wie Blockchain, Artificial Intelligence, XR-Technologien und Cloud Computing entwickelt es sich derzeit zu einem echten digitalen Wirtschaftsraum, in dem Menschen, in Form von Avataren, sozial interagieren, arbeiten, reisen, entspannen, lernen, konsumieren oder auch spielen können.

Noch in der Entwicklungsphase
Vieles im Bereich Metaverse ist noch unausgereift. Dies betrifft sowohl ethische als auch rechtlich-regulatorische Fragen. Technologische Fortschritte, die Suche nach innovativem Markenengagement für eine neue Käufergeneration, der demografische Wandel und eine hohe Investitions-

bereitschaft demonstrieren jedoch die Akzeptanz des Metaverse als zukünftigem Wirtschaftsstandort. Mehrere Studien beziffern für das Jahr 2030 einen Wert von fünf Billionen US-Dollar.[5] Das Geschäft mit virtuellen Waren (Kleidung, Skins, Immobilien) ist heute bereits ein Milliarden-US-Dollar-Geschäft.

Der Nutzen der Blockchain im Metaverse

Im Web3 werden zentrale Welten in dezentrale Welten überführt. Den Anreiz für diese Entwicklung liefert die Token-Ökonomie der Blockchain, weil diese echte Werte für eine Online-Wirtschaft schaffen kann. Zudem kann die Blockchain dabei helfen, digitale Identitäten im Metaverse zu verifizieren, sie zu schützen und ihren digitalen Besitz zu verwalten. Dies gilt für sämtliche digitalen Güter, Währungen und Transaktionen.

Digitales Eigentum

Das, was wir aus Spielewelten kennen – digitale Mode, digitales Land, digitale Häuser oder Skins –, wird nicht länger lizenziert, sondern langfristig als Eigentum in die Wallets der Nutzer verschoben. Eine dezentrale Infrastruktur aus Blockchain-Netzwerken fördert zudem die Skalierbarkeit und Interoperabilität von Metaverse-Umgebungen. Die Eigenschaften der Blockchain wie Sicherheit, Transparenz, Unveränderbarkeit und Vertrauen gelten auch für Transaktionen und Daten im Metaverse. Insgesamt trägt die Blockchain dazu bei, das Metaverse wirtschaftlich leistungsfähiger zu machen und innovative Geschäftsmodelle mit echten Wertschöpfungsketten zu ermöglichen.

Technologien im Metaverse

Um das Metaverse als allgegenwärtige, virtuelle Mainstream-Technologie zu realisieren, muss eine ganze Reihe von technologischen Komponenten gegeben sein:

- bezahlbare, leistungsfähige **Hardware** (Computing Power, hochauflösende Displays, leistungsstarke Prozessoren und Grafikkarten)
- hochleistungsfähige **Netzwerktechnologien** (5G, Glasfaser oder WLAN 6
- fortschrittliche **Softwareplattformen**
- intuitive **Interaktionsschnittstellen** (AR-, VR-, XR-Brillen, -Handschuhe oder -Ganzkörperanzüge)
- leistungsstarke **Cloud-Infrastrukturen** und **Blockchain-Anwendungen** für die Skalierbarkeit
- sichere Identitäts- und Authentifizierungssysteme
- **Künstliche Intelligenz** zur Erstellung autonomer, intelligenter Anwendungen im Metaverse

Die drei Arten des Metaverse

In den letzten Jahren dieser noch immer sehr frühen Phase des Metaverse haben sich drei Arten von Welten etabliert, in denen sich, neben Millionen von Gamern, regelmäßig eine Zivilgesellschaft in Form von Avataren zu bestimmten Anwendungen oder Anlässen trifft:

1. Consumer Metaverse: Umfasst das Zusammentreffen von Gaming, Events, Entertainment und der Realwirtschaft, um sozial zu interagieren sowie Produkte und Dienstleistungen zu konsumieren.

2. Enterprise Metaverse: Bezieht sich auf unternehmensweite Zusammenarbeit und Meetings in kollaborativen virtuellen Arbeitsstätten sowie auf Bildungs- und Ausbildungsorte.

3. Industrial Metaverse: Konzentriert sich auf die technische Zusammenarbeit zwischen Mitarbeitern und Maschinen in den Bereichen Entwurf und Entwicklung, Simulationen und operative Verbesserungen.

Das Metaverse als eine 3-D-Version des Internets stellt einen strategischen Wendepunkt für Unternehmen dar und bietet durch die Token-Ökonomie enormes Wertschöpfungspotenzial für innovative Geschäftsmodelle. Sie werden die Grenze zwischen Gaming, Social Media, Bildung, Online-Shopping und digitalen Finanzmärkten verschwimmen lassen und hybride Formen der Realitätswahrnehmung ermöglichen. Wer diese Chancen erkennt und nutzt, kann sich bereits heute in aufstrebenden Metaverse-Ökosystemen positionieren.

3.4 Künstliche Intelligenz im Web3

Künstliche Intelligenz (KI) bezieht sich auf die Fähigkeit von Maschinen, Aufgaben auszuführen, die normalerweise menschliche Intelligenz erfordern. Wie bereits beim Thema

Metaverse gibt es auch für die KI keine allgemeingültige Definition, dafür aber eine große Bandbreite an Möglichkeiten. Grundvoraussetzung für die Verwendung von KI sind gut formulierte Befehle (Prompts). Sie werden das Internet von einer Such-Maschine in eine Antwort-Maschine verwandeln.

Wie bei der Blockchain handelt es sich bei KI auch um eine Effizienztechnologie, die Prozesse im Web3 deutlich schneller, intelligenter und personalisierter gestalten kann. KI ist einfach im Zugang und revolutioniert durch Relevanz, weswegen andere technologische Entwicklungen kurzeitig in den Hintergrund getreten sind.

Ursprünge der KI

Die Geschichte der KI reicht bis in die griechische Mythologie zurück, wo die Legende von Talos – ein menschenähnlicher Bronzeroboter, der die Insel Kreta vor Eindringlingen beschützte – als Vorläufer für maschinelles Denken bzw. KI-Konzepte gesehen werden kann. Dem folgten Theorien in der Literatur. Der praktische Durchbruch gelang erst Mitte des 20. Jahrhunderts mit der Erfindung des Computers und den KI-Forschungen um den Mathematiker Alan Turing. Die Dartmouth Conference (1956) gilt als offizielle Geburtsstunde der KI als wissenschaftliches Fachgebiet. Hier wurden Konzept und Begriffe wie maschinelles Lernen, künstliche neuronale Netzwerke oder Natural Language geprägt. In den 1970er- und 1980er-Jahren führten überhöhte Erwartungen zu einem „KI-Winter", dem in den 1990er-Jahren mit Fortschritten bei Speicherkapazitäten und Deep Learning wiederum eine „KI-Renaissance" folgte.

KI heute

Schließlich ermöglichten Entwicklungen im Bereich Big Data den großen Durchbruch der KI-Technologie, der 2022 mit der Einführung von ChatGPT offensichtlich wurde. Seitdem ist klar, dass KI uns fortan als Co-Pilot begleiten wird – zumindest solange wir über die nötige Infrastruktur und Energie verfügen.

KI findet breite Anwendung in der Automatisierung von Prozessen, sei es in der Sprach- oder Bildproduktion, Logistik oder Verwaltung, und zielt darauf ab, Effizienz zu steigern. Sie unterstützt uns bei komplexen Entscheidungen, indem sie Muster in Daten erkennt und Handlungsempfehlungen gibt. Insgesamt hat sich KI von einem akademischen Forschungsfeld zu einer Schlüsseltechnologie entwickelt, die vielfältige Möglichkeiten bietet, um auch die Funktionalität und Effizienz von Web3-Anwendungen zu verbessern und innovative Lösungen zu schaffen.

KI-Anwendungen im Web3

Ohne Frage profitiert das Web3 von Künstlicher Intelligenz und umgekehrt. Folgende Beispiele geben eine Idee von möglichen Anwendungsfällen:

Marketing: KI wird hier eingesetzt, um maßgeschneiderte Entscheidungen und Empfehlungen für die Vorlieben von Kunden zu erstellen oder um Markttrends und Kundenverhalten vorherzusagen. KI analysiert das Nutzerverhalten, während die Blockchain Sicherheitsanforderungen und Datenschutz erfüllen kann. Die Kundenbetreuung durch KI-Chatbots kann auch den 24/7-Kundensupport in dezentralen Netzwerken des Metaverse verbessern. KI-Stimmen können sich an die Psychologie des Kunden anpassen. Die derzeit am weitesten verbreitete Anwendung liegt in der automatisierten Content-Erstellung (Texte, Grafiken, Videos).

Kreativwirtschaft: Künstler nutzen KI als Werkzeug für neue Ideen oder Visionen sowie um ihre Kreativität durch die Eingabe von anspruchsvollen Prompts zu erweitern. Web3 schafft die Basis für den Handel mit KI-generierten Sammlerstücken via NFTs. Urheberrechtliche Themen im Bereich Bildgenese und Bildgenerierung können langfristig durch eine Kennzeichnungspflicht und den transparenten Eintrag in die Blockchain gelöst werden.

Digitale Identitäten: KI-basierte Autorisierungen und Authentifizierungen können die Datenkontrolle in dezentralen Identitätssystemen optimieren, Anomalien erkennen und Betrug verhindern. Die Blockchain authentifiziert und verifiziert digitale Identitäten.

DeFi: Im Bereich DeFi (Dezentrales Finanzwesen) kann die KI bei der Analyse von Marktdaten und Portfolio-Optimierung helfen und automatisierte Handelsentscheidungen treffen.

IoT: Das „Internet der Dinge" (Internet of Things) ermöglicht einen reibungslosen Datenaustausch zwischen zahlreichen Geräten des alltäglichen Lebens und Sensoren, die Daten aus der Umgebung erfassen. Dezentrale IoT-Systeme, die auf einer Blockchain basieren, gepaart mit Smart Contracts und KI können IoT-Geräte und Dienste optimal koordinieren und kontrollieren, Ressourcen einsparen sowie tokenbasierte Abrechnungsmodelle schaffen. Ein Beispiel für die effektive Kombination von Blockchain mit KI sind selbstfahrende Autos: Die Blockchain ermöglicht Datensicherheit und Transparenz bei der Übertragung von Fahrzeugdaten und Sensor-Meldungen, um beispielsweise Verkehrs- und Umweltkontroll-Systeme zu optimieren. Die KI präsentiert den Nutzern risikomindernde Fahrtrouten, die an die Unfallversicherung übermittelt werden. Fahrer, die die Fahrtroute annehmen und unfallfrei ankommen, erhalten Belohnungs-Token, die auf die Versicherungsprämie angerechnet werden. Die Tokenisierung von Dienstleistungen ermöglicht zudem autonomes Parken, Bezahlen und Aufladen.

Das Zusammenspiel von Blockchain, Metaverse und KI ermöglicht völlig neue Internet-Anwendungen. So können global vernetzte Systeme mithilfe der KI über lernende Algorithmen selbstständig Entscheidungen treffen, während die Blockchain für die Authentifizierung der Teilnehmer und den elektronischen Wertetransfer zuständig ist. Gleichzeitig gibt es aber auch offene Fragen bezüglich Skalierbarkeit, Datenschutz und Regulierung, die dringend adressiert werden müssen.

3.5 Wirtschaft & Marken im Web3

Der Großteil der Menschen in Deutschland hat noch nie etwas von Web3 gehört. Und die meisten sind auch zufrieden mit dem, was das Web 2.0 zu bieten hat. Neue Technologien werden anfangs immer kontrovers diskutiert: Elektrizität, die Eisenbahn, Telefone, das Internet. Die Blockchain bildet hier keine Ausnahme. Und doch gibt es zahlreiche Unternehmen auf der ganzen Welt, die sich intensiv mit dem Web3-Thema auseinandersetzen bzw. wo es bereits in der Anwendung ist.

Das deutsche Web3-Ökosystem

Wer in Deutschland informiert bleiben will, folgt dem Berliner w3-Ökosystem. Hier wird investiert (w3.fund), gearbeitet (w3.hub), geforscht (w3.labs) oder auf Messen präsentiert (w3.vision). Der w3.guide gibt einen stets aktuellen Einblick in das deutsche Web3-Ökosystem. Hier sind, Stand Mai 2024, über 400 deutsche Web3-Unternehmen und -Initiativen gelistet, die die Themen Lifestyle/Entertainment, Community, Recht, Beratung, Lieferketten-Management, Analytik, digitale Identitäten, Protokoll-Entwicklung, Wallets, Kunst, ReFi, Versicherungen, Recherche, DAOs, Finanzservices, Ausbildung, Investments, Konferenzen, Podcasts, Medien, Metaverse und Sicherheit abdecken!

Neben Berlin entwickelt sich München zunehmend zu einem wichtigen Web3-Hub. So wie auch in Stuttgart oder Hamburg Web3-Communities wirken, die aktiv an der Realisierung von Web3-Konzepten arbeiten.

Sie kommen aus allen Altersklassen, Gesellschaftsschichten und Kulturkreisen. Die Technologie und der Zukunftsglaube halten sie zusammen.

Im Folgenden finden Sie einige konkrete **Branchenbeispiele und Anwendungsmöglichkeiten** des Web3. Sie dienen der Inspiration und belegen, was heute bereits stattfindet:

Kunst

Das erste offizielle Kunstwerk, das auf der Blockchain „gemintet", also veröffentlicht wurde, war die Animation „Quantum" des Künstlers Kevin McCoy im Jahr 2014.

Sehr beliebt sind sogenannte Profile Pictures (PFPs) wie die im Jahr 2017 auf die Blockchain gebrachten CryptoPunks: 10.000 fiktional computergenerierte Charaktere (24x24px) der Punk-Szene, jedes für sich ein Unikat. CryptoPunk #5822 wurde im Februar 2022 aufgrund seiner seltenen Attribute (Avatar-Typ Alien, Kopftuch) für 23,7 Millionen US-Dollar versteigert. Ein weiteres äußerst erfolgreiches Avatarprojekt, das die Nutzungsmöglichkeiten von NFTs als Ökosystem verdeutlicht, ist der Bored Ape Yacht Club (BAYC). Eigentümer eines Bored Apes erhalten Zugang zu einem exklusiven Club und die IP-Rechte ermöglichen die kommerzielle Nutzung der Profilbilder. Der eigens entwickelte Ape Coin bietet Zugang zum Ape-Metaverse Otherside. Kostenlose Airdrops halten das Projekt aktiv und erweitern die Fangemeinde. Der Erfolg beruht auf einem starken intrinsischen Wert. Das dahinterstehende Unternehmen Yuga Labs erwarb im März 2022 auch die Rechte an den CryptoPunks.

Neues Zeitalter des Kunsthandels

Zudem brachte ein Auktionsergebnis im Jahr 2021 die Welt kurz zum Schweigen. Die Versteigerung der digitale NFT-Collage „The First 5.000 Days" des Künstlers Mike Winkelmann alias Beeple bei Christie's für 69 Millionen US-Dollar leitete ein neues Zeitalter ein. Digitalkünstler wie XCOPY, PAK, Tyler Hobbs oder Mad Dog Jones wurden schnell zu Blue-Chip-Künstlern. Aus der traditionellen Welt folgten Damien Hirst, Takashi Murakami oder Tobias Rehberger. Die Reaktionen der traditionellen Kunstwelt auf NFTs sind verhalten, aber die Neugierde wächst.

Modeindustrie

Sehr prominent vertreten ist die Modeindustrie. 2019 patentierte Nike die Tokenisierung des Eigentums an ganz normalen Schuhen mit NFTs. Im Jahr 2021 läutete der digitale FEWO Shoe, eine Kollaboration zwischen dem Künstler Fewocious und dem Designstudio RTFKT (gesprochen: Artifact), einen regelrechten NFT-Goldrausch ein. Er wurde in einem Zeitraum von sieben Minuten zu Preisen von 3.000, 5.000 und 10.000 Dollar verkauft, 608 Stück zu einem Gesamtwert von 3,1 Millionen US-Dollar. Als bekannt wurde, dass diese einzigartigen digitalen Sammlerstücke gleichzeitig auch den Zugang zu anderen attraktiven NFT-Projekten ermöglichten, eroberte eine neue Generation von Internetnutzern, die NFT-Community, die Welt der Non-Fungible Token im Sturm.

Begehrte Sammlerstücke

2022 kreierte Tiffany 250 Schmuckstücke exklusiv für die Besitzer der berühmten CryptoPunks. Sie waren sofort ausverkauft. Die Kombination aus digitalem Sammler-Appeal und greifbaren Markenerlebnissen hat sich dabei als erfolgreiches Konzept erwiesen. Im April 2024 bot die Modemarke Maison Margiela ihre legendären Tabi-Stiefel als digitales Sammlerobjekt an, die von ReadyPlayerMe-Avataren im Metaverse „The Sandbox" getragen werden können. Käufer erhielten zudem Zugang zu exklusiven Web3-Markenevents sowie einen mit Wallet-Adresse personalisierten Ledergeldbeutel.

Zu weiteren Metaverse-Projekten gehören die jährlich stattfindende Metaverse Fashion Week (MFW in „Decentraland"), Balenciaga-Outfits im Spiel „Fortnite", Burberry-Looks im Spiel „Minecraft" oder Markeninszenierungen von GUCCI, das seine Geschichte in „The Sandbox" erzählt, einen eigenen Store in „Decentraland" hat und NFT-Kollektionen in Zusammenarbeit mit dem renommierten Auktionshaus Christie's verkauft.

Automobilindustrie

Träume werden wahr durch einen Porsche-NFT. Wer 2022 dabei war, hatte die Möglichkeit, einen weißen digitalen 911 in Zusammenarbeit mit dem renommierten Künstler Patrick Vogel zu individualisieren und auf eine beeindruckende Routen-Performance zu schicken. Der exklusive Zugang zu Erlebnissen in der virtuellen und realen Welt rundet das Projekt ab.

Andere Autohersteller wie Audi, Mercedes-Benz, Lamborghini, und McLaren veröffentlichten ebenfalls unternehmensspezifische NFT-Projekte, realisieren regelmäßig Metaverse-Erlebnisse und nutzen die Blockchain im industriellen Bereich als Effizienztechnologie.

Verkehrs- und Logistikindustrie

Die Lufthansa bietet über ihre App Uptrip Fluggästen die Möglichkeit, ihre Flugtickets in NFT-Sammelkarten umzuwandeln und so an einem umfassenden Loyalty-Programm teilzunehmen. Ein besonderes Highlight sind die einzigartigen Lufthansa Allegris-Pixelkunst-Karten mit Stadtbildern ausgewählter Reiseziele wie Toronto, Vancouver und München – verknüpft mit Belohnungen, die nur mit digitalen Allegris-Karten eingelöst werden können.

Erinnern Sie sich noch an die Zeit, als Briefmarken in Alben gesammelt wurden? Bei der Deutschen Post können Sie nun selbstklebende Krypto-Briefmarken im digitalen Abbild als NFT auf der Polygon-Blockchain sammeln.

Die Deutsche Bahn wirbt mit dem Slogan „Blockchain & Web3". Zitat: „Seit 2018 gibt es bei der DB Blockchain-Expert:innen, die den Einsatz der Technologie für die Bahn auf Herz und Nieren prüfen."

Die Deutsche Post DHL Group investiert derzeit 100 Millionen Euro in Blockchain-Projekte, um mehr Sicherheit und Transparenz bei Logistikketten und der Zollabwicklung zu schaffen.

Gesundheitswesen

Blockchain, Metaverse und KI spielen mittlerweile auch eine entscheidende Rolle im Gesundheitswesen. Blockchain-basierte Lieferkettenkontrollen von Arzneimitteln reduzieren Produktfälschungen. Die Blockchain sorgt bereits für die sichere, transparente Kontrolle über schutzbedürftige, sensible Patientendaten. Zudem könnten Patienten langfristig für ihre persönliche Gesundheitsvorsorge mit Token belohnt werden. Künstliche Intelligenz wird eingesetzt, etwa bei der Analyse von Symptomen, in der Auswertung radiologischer Bilder oder beim Verfassen eines Echtzeit-Arztberichts. Die Telemedizin mit virtuellen Konsultationen zwischen Patienten und Ärzten im Metaverse oder die Behandlung von spezifischen Phobien in virtuellen Welten eröffnen völlig neue Möglichkeiten für die Gesundheitsversorgung.

Das Zusammenspiel der drei Basistechnologien des Web3 optimiert Prozesse für ein verbessertes Gesundheitswesen. Netzwerkweite Datenaktualisierungen für alle Teilnehmer der Blockchain können Leben retten.

Weitere Beispiele

Weitere konkrete Anwendungen gibt es auch im Finanzwesen, Staatswesen, Spendenwesen, in Architektur, Ernährung, Sport, Unterhaltung und viele mehr. Ziel der genannten Beispiele ist, Ihnen einen kleinen, aber authentischen Einblick zu gewähren, was mit Web3-Technologien heute bereits möglich ist.

Die Vision des Web3 ist die Nutzerkontrolle über digitale Daten. Digitales Eigentum von persönlichen Daten bis zu Vermögenswerten kann im Web3 durch Token gesichert werden. Die Token-Ökonomie bietet Unternehmen auch im Metaverse neue Chancen. Die Kombination von Blockchain, Metaverse und KI ermöglicht neue Internet-Anwendungen. Das Potenzial ist groß.

- Derzeit entstehen von der Ostsee bis zu den Alpen innovative Ökosysteme, in denen Start-ups, Investoren und Talente zusammenkommen, um die Zukunft des Internets mitzugestalten.

- Sie durchdringen zunehmend zentrale Wirtschaftsbereiche wie Finanzen, Verwaltung und Gesundheit. Sie sind aber nicht nur für Behörden und Unternehmen interessant, sondern beeinflussen langfristig auch das tägliche Leben von Privatpersonen und Verbrauchern.

- Gleichzeitig gilt es, bei aller Technologiebegeisterung die möglichen Risiken und Herausforderungen dieser Entwicklungen nicht aus den Augen zu verlieren.

Warum funktioniert das Web3 nur mit Communities?

Welche Arten von Communities gibt es?

Welche Sprache spricht die Web3-Community?

4. Communities

Web3-Communities vereinen Gleichgesinnte mit einem gemeinsamen Interesse an der Weiterentwicklung des Web3. Sie zeichnen sich durch beispiellosen Enthusiasmus für die Blockchain-Technologie und starken Zusammenhalt der Mitglieder aus. Sie agieren innerhalb ihrer Ökosysteme wie ein eng verflochtenes Netzwerk und setzen ihre verschiedenen Talente und Fähigkeiten dafür ein, gemeinsam Fortschritte bei Web3-Anwendungen zu erzielen.

Durch die globale Vernetzung dieser Communities entstehen neue Formen der Interaktion und Zusammenarbeit.

Wenn Sie nach der Lektüre dieses Buches planen, ein Web3-Produkt oder eine Web3-Dienstleistung anzubieten, ist der Aufbau einer solchen Community von entscheidender Bedeutung.

4.1 Der Community-Faktor im Web3

Der Erfolg von Web3-Projekten wird maßgeblich durch Web3-Communities bestimmt. Sie bestehen vornehmlich aus Enthusiasten, Entwicklern, Investoren, Krypto-Tradern, Unternehmern, Start-ups, Forschern oder Sammlern, die sowohl online als auch persönlich interagieren.

Austausch unter Insidern

Sie legen großen Wert auf Bildung und tauschen sich täglich über neue technologische Entwicklungen und Web3-Projekte aus, sei es auf Konferenzen, Meetups, in Messengern wie Discord und in Social-Media-Gruppen wie LinkedIn, Telegram oder WhatsApp. Die Community-Teilnehmer verfügen über Insider-Informationen zu vielversprechenden Projekten und Investitionsmöglichkeiten, die für Außenstehende schwer zugänglich sind.

Der Community-Effekt

Die Krypto-Welt ist bekannt für ihre schnellen Reaktionen. Hohes Engagement einer Community steigert den Wert und die Attraktivität eines Projektes. Niedriges Engagement bewirkt das Gegenteil. Dieser selbstverstärkende Effekt fördert die Entwicklung von neuen Anwendungsfällen, Features und Verbesserungen. Communities treiben somit Innovationen und das Wachstum des gesamten Web3-Ökosystems an.

Web3 versus Web 2.0

Web3-Communities zeichnen sich durch zielorientiertes und kollaboratives Denken aus. Dies spiegelt den grundlegenden Unterschied zwischen Web 2.0 und Web3 wider:

- Während Web 2.0-Plattformen in der Regel zentral gesteuert sind und sich um ein Produkt oder eine zentrale Gruppe (Meta, X) drehen, die von Unternehmen kontrolliert und für Werbung benutzt werden,
- basiert Web3 auf dem Konzept der Dezentralisierung, bei der Macht und Kontrolle auf die Nutzer verteilt werden.

Eine engagierte und motivierte Community bietet den idealen Nährboden für die Entwicklung innovativer Ideen. Dezentral organisierte Strukturen können basisdemokratische Entscheidungen begünstigen. Ein sinnvoller erster Schritt ist der Aufbau einer starken Community.

4.2 Arten von Communities im Web3

Web3-Communities sind extrem vielfältig und schließen sich für die Verbreitung oder Durchsetzung bestimmter Interessen zusammen. Einige Beispiele sind:

Decentralized Autonomous Organisations (DAOs)

DAOs nutzen die Blockchain-Technologie, um Communities auf dezentrale und transparente Weise zu organisieren. Sie werden nicht top-down gemanagt, sondern folgen einem öffentlichen Software-Code, an dessen Prozesse und Regeln sich die Organisation halten muss. Die Mitgliedschaft erfolgt meist durch den Erwerb eines NFTs, welches die Werte der DAO repräsentiert. DAOs funktionieren nur durch die aktive Beteiligung aller Mitglieder sowie einen präzisen Code. Ihr rechtlicher Status ist noch nicht abschließend geklärt, aber sie haben großes Potenzial als zukunftsweisende Organisationsform.

Krypto-Communities

Dies sind Communities, die sich um bestimmte Blockchains (z. B. Bitcoin, Ethereum, Base, Solana, Tezos) oder Kryptowährungen (z. B. Bitcoin, Ether, Base, SOL, Tez) formieren. Sie setzen sich aus Entwicklern, Investoren oder Enthusiasten zusammen, die sich über technische Entwicklungen, Investments, DeFi oder Krypto-Trends austauschen.

NFT-Communities

Die NFT-Community zeichnet sich durch einen starken Zusammenhalt aus. Neben dem Handel mit NFTs geht es um das Teilen von Kunst, Musik oder besonderen Momenten, den Austausch und die Vernetzung sowie die Identifikation mit Projekten. 2021 erlebte die NFT-Szene einen enormen Hype, eine rasante Marktentwicklung und teilweise irrationale Preissteigerungen für digitale Vermögenswerte. Die mediale Aufmerksamkeit zog viele Neueinsteiger, aber auch Scammer an. Der Besitz eines NFT ist bis heute ein Lifestyle-Phänomen und löst FOMO (Fear of Missing Out/Angst, etwas zu verpassen) für Projekte wie Bored Ape Yacht Club, Moonbirds, CryptoPunks, Doodles oder CloneX aus. 2022 brachte der Kryptomarkt-Crash eine gewisse Ernüchterung. Die Kernmitglieder der NFT-Communities halten aber weiterhin zusammen und fokussieren sich auf die Produktivität und den Nutzen von NFTs. Diese Beobachtung entspricht exakt dem berühmten Gartner Hype Cycle: Nach dem Tal der tiefen Enttäuschungen erleben wir aktuell den Pfad der Erleuchtung, der zum Plateau der Produktivität führt.

Entwickler-Communities

Wenn es um die Entwicklung von Web3-Projekten geht, erfordert dies das Zusammenspiel verschiedener Disziplinen, darunter Kryptografie, Wirtschaft, Recht und Informatik. In die Gruppe der Entwickler reihen sich Programmierer ein, die den Code für Smart Contracts schreiben, dezentrale Anwendungen (dApps) entwickeln, an Testnetzwerken oder allgemein an der Blockchain-Infrastruktur arbeiten. Blockchain-Architekten entwerfen die grundlegende Struktur von Blockchain-Systemen und sind für die Skalierbarkeit, Sicherheit und Effizienz verantwortlich. Kryptografen entwickeln und implementieren sichere kryptografische Protokolle. Rechtsexperten beraten zu rechtlichen und regulatorischen Fragen. Die meisten Web3-Projekte sind Open Source: Entwickler-Communities teilen ihre Codes öffentlich, sodass andere diese kollaborativ nutzen und weiterentwickeln können.

Metaverse- und Gaming-Communities

Diese Gemeinschaften schließen sich zusammen, um das Metaverse und Gaming aktiv zu nutzen und weiterzuentwickeln. Sie konzentrieren sich nicht nur auf das Spielen, sondern auch auf die Schaffung immersiver digitaler Welten für die Bereiche Bildung, Tourismus, Therapie, Industrie oder Entertainment. Da eine überzeugende Benutzererfahrung für den Erfolg von Metaverse-Welten entscheidend ist, spielen UI/UX-Designer eine zentrale Rolle. Sie arbeiten an der App-Entwicklung und gestalten Benutzererfahrungen für Augmented Reality (AR), Virtual Reality (VR) oder Mixed Reality (XR). Die räumliche Erfahrung von Lerninhalten birgt das Potenzial, die Art und Weise des Lernens und Lehrens grundlegend zu verändern. Das alte Rom im Metaverse erkunden, Blutplättchen fangen und sich durch das Planetensystem des Universums navigieren – so hätte mir Schule sicherlich auch Spaß gemacht!

Ein großer Vorteil von Blockchain-basierten virtuellen Umgebungen ist, dass digitale Vermögenswerte aus diesen Welten gehandelt und in Form von Kryptowährungen oder Token in „echtes" Geld umgewandelt werden können.

Web3-Communities sind lebendige und dynamische Netzwerke, die durch gemeinsame Interessen und Ziele verbunden sind. Sie spielen eine zentrale Rolle innerhalb der Weiterentwicklung und Verbreitung von spezifischen Web3-Themen. Sie unterstützen sich gegenseitig, teilen Wissen und helfen neuen Mitgliedern, sich in der komplexen Welt der Krypto-Szene zurechtzufinden.

4.3 Community-Aufbau & Belohnungen

Das Engagement von Mitgliedern einer Community ist der Schlüssel für den Erfolg eines jeden Web3-Projekts. Es lässt sich durch gut durchdachte Anreizsysteme und echte Mitbestimmung fördern. Bereits in der strategischen Planungsphase sollten Konzepte entwickelt werden, die eine Community aktiv einbinden und mobilisieren. Die Umsetzung erfordert eine klar definierte Roadmap, die Anreiz- und Belohnungssysteme beinhaltet.

Roadmap

Die Roadmap ist das Herzstück eines jeden Web3-Projekts. Sie definiert konkrete Ziele und Meilensteine, die von einer Community abgearbeitet werden, gibt langfristige Orientierung und bindet aktiv in die gemeinsame Entwicklung eines Projektes oder einer Marke ein. Dabei kommt es auf die ausgewogene Balance zwischen attraktiven Anreizsystemen und echtem Mitspracherecht an.

Anreize

Eines der mächtigsten Web3-Anreizmodelle sind Token-Belohnungen. Eine Community wird aufgebaut, indem ihre Mitglieder verschiedene Aktionen ausführen (Call-to-Action) und dabei Belohnungen erhalten. Das kann zum Beispiel die Erstellung von Inhalten sein, das Teilen von Informationen auf Social-Media-Kanälen wie X, das bloße Feedback zu einem Projekt oder das Validieren von Transaktionen. Die Belohnungen (Rewards) erfolgen in Form von Token zum Beispiel für die ersten 1.000 registrierten Nutzer oder durch den Eintrag in Listen (Whitelists, Allowlists), die wiederum den frühen Zugang zu NFT-Projekten garantieren. Rewards motivieren dazu, einem Web3-Projekt beizutreten, zu bleiben und zu wachsen, da die Nutzer von Netzwerkeffekten und der Zugehörigkeit zu einer Community profitieren.

Mitspracherecht
Weitere Anreizmodelle sind die Einbindung in einen Kreativprozess (Co-Creation), das Versprechen auf gemeinsames Eigentum (Co-Ownership) oder Governance-Rechte für ein Web3-Projekt. Hierin enthalten sind auch Spielelemente (Gamification) wie Punkte, Diamanten, Levels oder Herausforderungen, um die Benutzererfahrung und das Engagement in Web3-Anwendungen zu verbessern.

Zielgruppenerweiterung
Die geschickte Ansprache und Einbindung von Web3-Communities können auch traditionellen Branchen dabei helfen, neue und jüngere Zielgruppen zu erschließen. Ein tiefes Verständnis der Motivationen und Bedürfnisse dieser Communities ermöglicht es Unternehmen, maßgeschneiderte Anreize zu schaffen, die über das traditionelle Punktesammeln weit hinausgehen. Die Umsetzung solcher Konzepte erfordert spezifisches Know-how im Bereich Web3, weshalb die Zusammenarbeit mit Experten ratsam ist.

Das Wissen der Insider

Die rasante Entwicklung neuer Technologien geht mit einer Flut neuer Begriffe einher. Technologische Laien fühlen sich daher oft wie „digitale Neandertaler", denen der Anschluss verloren zu gehen droht. Immer häufiger hören wir von dem „Digital Divide" oder „Digital Gap" in der Gesellschaft, der sich durch Wissenstransfer einfach lösen ließe.

Um Ihnen einen Einblick in diese neue Begriffswelt des Web3 zu ermöglichen, finden Sie hier eine kleine Auswahl an häufig zu findenden Fach- und Insiderbegriffen:

Fachbegriffe

Airdrop
Die kostenlose Übertragung einer Kryptowährung oder eines NFTs in eine Wallet-Adresse.

Blue Chips
Bezieht sich auf erfolgreiche, internationale Künstler oder Projekte, denen auch langfristig ein hoher Wert zugeschrieben wird. Sie erfordern Bekanntheit und Akzeptanz bei Investoren und Sammlern sowie kontinuierlich hohe Preise. Beispiele sind Projekte wie CryptoPunks oder Künstler wie Snowfro, Tylor Hobbs oder XCOPY.

Burnen
Kommt von dem englischen Verb „to burn", zu Deutsch: „verbrennen". Der Prozess, bei dem ein NFT auf eine Null-Adresse transferiert und somit für immer unzugänglich wird.

Drop

Die Erstveröffentlichung eines NFT-Projekts. Die Ankündigung eines Drops beinhaltet konkrete Angaben wie Termin, Anzahl der NFTs und Launch-Marktplatz. Im Idealfall sind Drops innerhalb von wenigen Minuten ausverkauft und können anschließend gehandelt werden.

Dutch Auction

Zu Deutsch: „Holländische Auktion". Eine beliebte Art von Auktion in der NFT-Szene, bei der der Startpreis sehr hoch angesetzt ist und dann schrittweise gesenkt wird, bis ein Bieter bereit ist, den aktuellen Preis zu bezahlen. Dutch Auctions motivieren die Bieter, kein zu hohes Gebot abzugeben, aber auch nicht zu spät einzusteigen, wenn alle zuschlagen.

Floor / Floor Price

Der niedrigste NFT-Preis, zu dem Sie ein NFT aus einem Projekt auf dem Sekundärmarkt kaufen können.

Minten

Kommt von dem englischen Verb „to mint", zu Deutsch: „prägen". Der Prozess, bei dem ein NFT durch den Erstkauf auf eine Blockchain geschrieben wird. Sobald ein Vermögenswert wie ein Kunstwerk oder virtuelles Land auf diese Weise in die Blockchain aufgenommen wird, entsteht ein Token, der nicht mehr verändert werden kann.

Reveal

Enthüllung der konkreten Merkmale eines NFTs, oft zeitversetzt, sodass auch NFTs, deren Merkmale noch nicht enthüllt wurden, gehandelt werden können.

Royalties

Tantiemen, die den Urhebern (z. B. Künstlern) von NFTs als kontinuierliche Einkommensquelle ausgezahlt werden, wenn ihre NFTs im Sekundärmarkt weiterverkauft werden. Royalties sind in den Smart Contracts, die den NFTs zugrunde liegen, fest verankert. In der Regel sind dies fünf bis zehn Prozent.

Utility

Nutzwerte, Mehrwerte bzw. Zusatzfunktionen eines NFTs. Beispielsweise die Verknüpfung eines digitalen Sneakers mit einem physischen Produkt oder dem Zugang zu exklusiven Web3-Events.

Insider-Begriffe

ALPHA

Bezieht sich auf Alphawissen, also ein Wissensvorsprung innerhalb einer Web3-Community.

DYOR

Do Your Own Research: Aufruf, sich selbst auf Recherche zu begeben und über Projekte zu informieren.

FOMO

Fear Of Missing Out: Die „Angst, etwas zu verpassen" ist ein weitverbreitetes Phänomen jüngerer Generationen – nicht nur in der Web3-Welt.

FUD

Fear, Uncertainty, Doubt: Steht für Angst, Unsicherheit und Zweifel bei NFT-Projekten, deren Entwicklung man zu einem bestimmten Zeitpunkt noch nicht abschätzen kann.

GM

Steht für Good Morning, zu Deutsch: „Guten Morgen", aber auch für den Anfang von etwas Großem, eine neue Chance, die sich ergeben kann.

Hodl

Absichtlich falsche Schreibweise für „Hold", zu Deutsch: „Halten". Sammler, die NFTs langfristig in ihrer Wallet halten, anstatt schnell mit Gewinn wieder zu verkaufen, werden „Hodler" genannt.

Moon

Moon, zu Deutsch: „Mond", steht als Metapher für einen starken Aufwärtstrend von NFT-Projekten. Oft verwendet als „To the moon!" für Assets, deren Preise wie eine Rakete in Richtung Mond abheben.

OG

Original Gangster steht für eine Person, die von Anfang an in der NFT- oder Web3-Welt dabei war. Der Status OG verschafft Respekt, Reputation und erleichtert den Zugang zu vielversprechenden Projekten oder Ankaufsmöglichkeiten.

WAGMI

We Are Gonna Make It, zu Deutsch: „Wir werden es schaffen", steht für den Optimismus einer Krypto-Community.

WHALE

Zu Deutsch: „Wal". Whales sind die Influencer der NFT-Szene, weil sie sehr große Mengen an wertvollen NFTs in ihrer Wallet halten.

Eine engagierte und motivierte Community ist der ideale Ausgangspunkt für innovative Ideen und zentraler Erfolgsfaktor für neue Web3-Projekte. Der erste Schritt ist der Aufbau einer starken Community.

- Web3-Communities sind lebendige Netzwerke, die durch gemeinsame Interessen verbunden sind und eine zentrale Rolle in der Weiterentwicklung von Web3-Themen spielen.
- Sie unterstützen sich gegenseitig, teilen Wissen und helfen neuen Mitgliedern, sich in der komplexen Krypto-Welt zurechtzufinden.
- Eine effektive Roadmap kombiniert langfristige Ziele mit erreichbaren Meilensteinen, was beiden Seiten Vorteile bringt.

Was brauchen Sie für Ihren Start ins Web3?

Seite 67

Welche Geschäftsmodelle können Sie im Web3 umsetzen?

Seite 70

Wie verschaffen Sie sich einen Wettbewerbsvorteil?

Seite 74

5. Ihr Einstieg ins Web3

Im Wesentlichen ist das Verständnis von Web3 recht einfach. Es manifestiert sich bereits in verschiedenen Bereichen unseres Lebens, oft ohne dass wir es bewusst wahrnehmen. Web3-Technologien, im Besonderen die Blockchain, werden unsere Arbeitsweise, unser Konsumverhalten und unsere Interaktionen im Internet verändern.[6] Jüngere Generationen achten bereits darauf, wie zukunftsorientiert potenzielle Arbeitgeber agieren und ob sie am Erfolg des Unternehmens teilhaben können. Als modernes Unternehmen ist es wichtig, sich jetzt eine Web3-Strategie zu überlegen – während Privatpersonen sich darauf freuen können, nicht mehr länger nur Nutzer des Internets zu sein, sondern Eigentümer zu werden.

5.1 Implikationen

Der erste Schritt ins Web3 ist die Einrichtung einer Krypto-Wallet, um Kryptowährungen und digitale Vermögenswerte wie NFTs sicher zu speichern, zu verwalten oder zu transferieren. Es gibt verschiedene Arten von Wallets, die im Web3 verwendet werden.

Wallets
- **Hardware Wallets,** auch **Cold Wallets** genannt, sind physische Geräte, die wie ein USB-Stick aussehen und die privaten Schlüssel offline speichern. Sie bieten einen ho-

hen Sicherheitsstandard. Gängige Wallets stammen von den Marken Ledger oder Trezor.

- **Software Wallets** bzw. **Hot Wallets** sind Apps, die auf dem Smartphone oder Tablet installiert werden. Sie ermöglichen den mobilen Zugang zu Krypto-Assets, auch durch Face ID. Die bekanntesten Wallets stammen von MetaMask, Coinbase oder Rainbow.
- **Web Wallets** sind oft eine Ergänzung zu den mobilen Software Wallets. Sie sind über den Webbrowser zugänglich und erfordern einen Internetzugang. **Desktop Wallets** ermöglichen das lokale Speichern von Krypto-Assets.
- **Paper Wallets** sind die auf Papier geschriebenen privaten Schlüssel oder Seed-Phrasen. Sie sind die sicherste Methode, aber ihr Verlust kann auch zum Verlust der Krypto-Assets führen.

Leichter Einstieg durch Web2-Funktionen

Da das Einrichten einer Krypto-Wallet (Dauer 3 Minuten!) für die meisten Menschen die größte Herausforderung darstellt, greifen Web3-Unternehmen zunehmend auf vertraute Web2-Gewohnheiten zurück, um den Übergang zu erleichtern. So zum Beispiel das Wirtschaftsmagazin Forbes, das herkömmliche Web2-Mechanismen wie die Anmeldung mit einer E-Mail-Adresse und Treuhänder-Wallets (Custodian Wallets) nutzt, um Web3 zugänglich zu machen.

Erstellen einer Wallet

Wenn Sie eine Krypto-Wallet erstellen, folgen Sie einfach den Anweisungen des Anbieters. Achten Sie darauf, ein starkes Passwort zu wählen, die Seed-Phrase (bestehend aus 12, 18 oder 24 Wörtern) offline (!) in der richtigen Reihenfolge zu notieren, an einem sicheren Ort und für Ihre Erben zugänglich aufzubewahren. Sie dient der Wiederherstellung der Wallet, sollte beispielsweise das Hardware-Gerät verloren gehen oder die App gelöscht worden sein. Im dezentralisierten Blockchain-System gibt es keinen helfenden Bankberater!

Empfangen und Senden von Token

Um Token (Kryptowährungen oder NFTs) zu empfangen, teilen Sie einfach Ihre kryptografische, öffentliche Wallet-Adresse mit dem Absender. Um Token zu versenden, geben Sie eine Empfängeradresse ein. Jede Transaktion muss mit Ihrem Private Key bestätigt/signiert werden und kostet, je nach Netzwerkauslastung, unterschiedliche Gebühren (Gas Fees), die an Miner oder Validatoren gezahlt werden, die die Transaktion in einem Blockchain-Netzwerk validieren.

Implikationen für Unternehmen

Unternehmen sollten sich auf den Übergang von traditionellen zentralisierten Modellen zu dezentralisierten Netzwerken und Protokollen einstellen. Dies birgt sowohl Chancen als auch Herausforderungen. Unternehmen, die sich frühzeitig anpassen und die Integration von Web3-Strategien berücksichtigen, sichern sich einen Wettbewerbsvorteil, während diejenigen, die zögern, Gefahr laufen, den Anschluss zu verlieren.

Implikationen für Privatpersonen

Für private Nutzer bedeutet das Web3 mehr Selbstbestimmung. Als Konsument können wir zukünftig von Community-Effekten, engeren Markenbeziehungen und exklusiven Token-Belohnungen profitieren. Durch die Nutzung des Internets können wir selbst aktive Beteiligungen am Web3 generieren und neue Einkommensströme erschließen.

Für den Einstieg ins Web3 benötigen Sie eine Krypto-Wallet, um Ihre digitalen Vermögenswerte zu verwalten, und etwas Kryptowährung, da diese für Transaktionen und Gebühren erforderlich ist. Einige Anbieter bieten Web3-Services mit Treuhänder-Wallets und Transaktionen in Euro oder Dollar an. Außerdem sollten Sie die genannten Sicherheitspraktiken kennen, um Ihre Assets zu schützen.

5.2 Tokenbasierte Geschäftsmodelle

Token fungieren, wie wir gesehen haben, als digitale Vermögenswerte, ähnlich wie Diamanten in einem Computerspiel, die verschiedene Formen von Nutzen repräsentieren können. Im Folgenden finden Sie einige Möglichkeiten, wie Sie Token konkret für Ihre Geschäftsmodelle anwenden können.

Möglichkeit 1: Loyalitätsprogramme

Tokenbasierte Anreizsysteme fördern die Beteiligung an einer Marke oder Dienstleistung und belohnen diejenigen, die zum Wachstum eines Netzwerks beitragen. Anstatt Punkte oder Meilen zu sammeln, können treue Kunden von Ihnen Unternehmens-Token erhalten, die Sie mit Rabatten, exklusivem Zugang zu Events, Community-Inhalten oder Mitspracherechten verknüpfen können. Nutzer können so an der Wertschöpfung eines Unternehmens teilhaben, indem sie über Token mit ihren Lieblingsmarken interagieren. Dies erhöht nicht nur die Kundenbindung, sondern bindet auch jüngere Zielgruppen spielerisch ein. Loyalität und Engagement werden in der Token-Ökonomie stets belohnt – als Leser dieses Buches erhalten Sie selbstredend einen Treue-Token für exklusive Inhalte des GABAL Verlags.

Möglichkeit 2: Voice-to-Earn

„Voice-to-Earn" beschreibt eine neue Form der Kundeninteraktion, die die Blockchain-Technologie nutzt, um Internet-User für ihre aktive Teilnahme an einem Ökosystem mit Token jeglicher Art zu belohnen. Vielleicht sind Sie bereits mit „Play-to-Earn"-Angeboten in Online-Spielen vertraut. Das Konzept lässt sich aber auch auf andere Branchen übertragen, wie beispielsweise „Read-to-Earn" (Bücher), „Listen-to-Earn" (Musik), „Know-to-Earn" (Bildung) oder „Share-to-Earn" (Social Media). Obwohl das Prinzip noch nicht vollständig ausgereift ist und von verschiedenen Faktoren wie Anreizen, Regulierung und der Anzahl der Nutzer, die den Wert der Token bestimmen, abhängt, könnte langfristig eine Win-win-Situation für alle Beteiligten und eine höhere Kundentreue entstehen.

Möglichkeit 3: Non-Fungible Token

NFTs werden das Web3 prägen. Nutzen Sie NFTs als erweitertes Marketing, als Anreizsystem oder als digitale Zwillinge für Ihre physischen Produkte. Bauen Sie sich ein Ökosystem rund um Ihr Produkt auf. Begeistern Sie eine Generation, die mit dem Internet aufgewachsen ist, und führen Sie die traditionelle Welt in neue Marktmechanismen ein. Seien Sie dabei nicht künstlich kreativ, sondern nehmen Sie Experten mit an Bord. NFTs leben durch eine nachhaltige Roadmap. Denken Sie langfristig!

Möglichkeit 4: Metaverse

Immersive Erfahrungen werden die Art und Weise verändern, wie wir arbeiten, einkaufen, kommunizieren, Marken präsentieren und uns weiterbilden. Das Wichtigste hierbei ist die User Experience. Suchen Sie sich eine geeignete Plattform, um Ihre eigene virtuelle Welt zu bauen. Je nach Budget, Produkt oder Dienstleistung gibt es große Unterschiede bzw. Möglichkeiten. In der Web3-Community gibt es viele Experten, die Ihnen Welten bauen und Sie bei der Entwicklung von Strategien oder Spielmechanismen beraten können. *Sharing is Caring* im Web3. Dabei werden Sie Ihre virtuellen Welten sicherlich auch in Ihren eigenen Netzwerken teilen, sodass sich gleich neue Zielgruppen erschließen lassen.

Möglichkeit 5: DAOs

Durch den Einsatz dezentraler autonomer Organisationen (DAOs) wird jegliche Entscheidungsfindung zu einem transparenten Prozess, bei dem alle Beteiligten eine Stimme haben können. Projekte wie Aragon oder auch DAOstack bieten die Infrastruktur für eine DAO. In der Pharmabranche beispielsweise haben sich Forschungs-DAOs wie VitaDAO oder MoleculaDAO durch eine enorm effiziente Zusammenarbeit zwischen Patienten, Ärzten und Forschern bewährt.

Möglichkeit 6: POAPs

Das Sammeln von POAPs in einer Wallet stellt in der NFT-Community ein Statussymbol dar. Entdecken Sie selbst die Zukunft des Marketings und der Kundenbindung mit POAPs! Gehen Sie auf die Website der poap.studios und legen Sie los. Der Fantasie sind dabei keine Grenzen gesetzt. POAPs sind einfache, sichere und innovative Zertifikate auf der Blockchain, die Ihre Kunden für die Teilnahme an Ihrem nächsten Event belohnt. Quantität und Qualität der gesammelten POAPs sind hier entscheidend.

Möglichkeit 7: Tokenisierung

Physische Werte wie Kunstwerke, Immobilien, Grundstücke oder Uhren können über die Blockchain durch einen digitalen Zwilling in Form eines Token abgebildet werden. Token verweisen auf den realen Wert und identifizieren den Eigentümer. Gleichzeitig können Sie die auf der Blockchain registrierten Objekte durch Security Token auch in Anteile aufteilen – analog zu den gewohnten Anteilsscheinen. Auch weniger vermögende Menschen können so durch den Erwerb von börsennotierten Anteilstoken an der Weiterentwicklung von realweltlichen Anlageklassen wie Kunstwerken (artexstockexchange.com) oder Immobilien (realt.co/marketplace) teilhaben. Zudem ermöglicht die Tokenisierung anteiliges Eigentum an Unternehmen. Die Regulatorik ist hier bereits weit vorangeschritten (in Deutschland bietet diesen Service die Firma **tokenize.it** an).

Tokenbasierte Geschäftsmodelle erweitern Marketingstrategien, steigern die Kundeninteraktion, ermöglichen den Aufbau neuer Zielgruppen und schaffen Anreize für traditionelle Branchen, die noch nicht mit Web3 vertraut sind. Ihre Modelle fördern die Integration von Web3-Technologien und eröffnen neue Möglichkeiten für Innovation und Wachstum.

5.3 Der richtige Zeitpunkt ist jetzt

Der Übergang von Web 2.0 zu Web3 folgt einem Prozess, der Zeit, Ressourcen und Engagement erfordert. Dennoch ist **jetzt** der richtige Zeitpunkt, sich mit Web3 zu befassen und sich darauf vorzubereiten. Die Blockchain-Technologie ist keine Wunderwaffe, aber sie hat einen Reifegrad erreicht, der es Unternehmen und Entwicklern ermöglicht, Anwendungen zu bauen, die skalierbar, interoperabel, benutzerfreundlich und sicher sind. Die Token-Ökonomie sorgt dabei für faire Wertflüsse (Value-Flows). Immer mehr Risikokapitalgeber (Venture Capitalists) investieren in Web3-Projekte. Fast alle großen Beratungsgesellschaften haben bereits ihre Web3-Abteilungen eingerichtet. Die Gründung zahlreicher Hubs in ganz Deutschland und das stetige

Wachstum der Entwicklergemeinschaften unterstreichen die Entwicklungen hin zu Web3. So auch die Studie des W3NOW-Projekts des Hanseatic Blockchain Institute.[7]

Wettbewerbsvorteile sichern

Investitionen in Web3 bieten derzeit die Chance, sich als Pionier zu etablieren und von den Fortschritten der nächsten Internet-Ära zu profitieren. Early Adopter von Innovationen haben stets einen entscheidenden Vorteil: Sie nutzen neue Technologien und verstehen sie lange bevor diese den Massenmarkt erreichen. Dieser frühe Zugang ermöglicht Ihnen, wertvolle Erfahrungen zu sammeln, Wettbewerbsvorteile zu sichern und aktiv zur Weiterentwicklung der Technologien beizutragen.

Das größte Risiko an Web3 besteht derzeit darin, sich nicht damit auseinanderzusetzen!

Nützliche Plattformen im Web3:

Analytics
Lösung: Umfassende Analysen zu NFTs & Kryptowährungen
Plattformen: DappRadar, nonfungible.com, moonblock.io

Dezentrale Speicher
Lösung: Speicherung von Assets on-chain
Plattformen: Arweave, Filecoin, IPFS

Digital Identity
Lösung: Identitätsmanagement für Web3-Anwender
Plattformen: IAMX, Sideos, Tokiphy, Unstoppable Domains

Financial Services (DeFi)
Lösung: Speicherung von Assets on-chain
Plattformen: NYALA, Particula GmbH, Tangany, tokenize.it

Interoperabilität
Lösung: Schaffung von vernetzten Multi-Chain-Ökosystemen
Plattformen: Avalanche, Cosmos, Polkadot, Quant Network

Investoren
Lösung: Investitionen in Blockchain und Web3-Projekte
Plattformen: bfc.vc, Vanangon Ventures, w3.fund

Metaverse & Gaming
Lösung: Social-Metaverse-Welten
Plattformen: Atopia, Musee Dezentral, The Sandbox

NFT-Marktplätze
Lösung: kuratierte Auswahl an Kunstwerken
Plattformen: artblocks, foundation, fx(hash), xcircle

Podcasts
Lösung: Wissensaufbau rund um Web3
Plattformen: Captain Kazoo, techUcation, w3.talk

Regenerative Finance (ReFi)
Lösung: Investitionen mit ökologischer Nachhaltigkeit
Plattformen: Fund the Planet, goodcarbon, Callirius

Regulatorik
Lösung: Rechtsberatung für und im Web3
Plattformen: web3lex, GSK Stockmann, DLA Piper

Smart Contracts
Lösung: Verbindung von Daten aus der realen Welt
Plattformen: Chainlink, Band Protocol, API3, Provable

Wallets
Lösung: sichere Verwaltung von Kryptowährungen und NFTs
Plattformen: Ledger, MetaMask, Coinbase, Gnosis, Safe

Die auf Basis von Blockchain-Technologie dezentral organisierte und durch Kryptografie geschützte Infrastruktur des Web3 garantiert, dass zum einen Daten und zum anderen auch Werte sicher zwischen Nutzern des Internets ausgetauscht werden können.

- Alte Geschäftsmodelle können auf Basis von Token-Ökonomien vielseitig erweitert und gegebenenfalls auch ersetzt werden.
- Da sich die Web3-Ökosysteme rasant entwickeln, ist jetzt der optimale Zeitpunkt, sich strategisch für die Zukunft aufzustellen und neue Rollen in einer technologiegetriebenen Datenökonomie einzunehmen.
- Wer die Zeichen der Zeit erkennt, kann vom digitalen Wandel der Wirtschaft und Gesellschaft nachhaltig profitieren.

Was sind die Chancen und Herausforderungen im Web3?

Wie verändert Web3 die Nutzung des Internets?

Was passiert mit der Privatsphäre im Web3?

6. Die Zukunft des Web3

Wenn wir uns vergegenwärtigen, wie lange es gedauert hat, bis sich der Computer von einer raumfüllenden Maschine zu einem Smartwatch-Computer entwickelt hat, wird es wahrscheinlich keine zehn Jahre mehr dauern, bis wir ganz selbstverständlich mit einer Brille oder einem anderen kleinen Gerät den Kosmos des erweiterten virtuellen Wirtschaftsraums erobern. Die derzeitigen Anwendungsfälle zeigen, wie wir uns schrittweise in die digitale Infrastruktur des Web3 einfügen, auch wenn für einen breiten Durchbruch und Mainstream-Akzeptanz noch große Hürden überwunden werden müssen.

Für die Befürworter des Web3 werden Visionen heute schon zur Realität. Sie erleben den Wandel des Internets, indem sie die Blockchain in Kombination mit den Schlüsseltechnologien Künstliche Intelligenz und Metaverse einfach anwenden.

6.1 Chancen und Herausforderungen

Die Entwicklung hin zu Web3 schreitet zügig voran. Doch trotz aller Aufbruchstimmung gibt es noch große Herausforderungen, die bewältigt werden müssen.

Technologische Herausforderungen
Technologisch müssen Bereiche wie Skalierbarkeit, Interoperabilität, Hardware, Software und Benutzerfreundlichkeit weiterentwickelt werden, um Web3 massentauglich zu machen. Zudem muss die zugrunde liegende Infrastruktur weltweit ausgebaut werden.

Regulatorische und rechtliche Herausforderungen
Blockchain-Anwendungen unterliegen keinen lokalen Grenzen, weswegen länderübergreifende Lösungen gefunden werden müssen. Die Erstellung solcher Richtlinien folgt in der Regel einem langen Prozess, was angesichts der ständigen Weiterentwicklung der Web3-Technologien zum Problem werden kann. Es ist wichtig, einen angemessenen Regulierungsrahmen zu entwickeln, ohne Innovationen zu behindern.

Während die Blockchain auf der einen Seite Rechtssicherheit, z. B. bei der Verbreitung von Eigentum, gibt, stellt sie auf der anderen Seite große Herausforderungen bei Haftungsfragen dar, beispielsweise wenn sich Probleme beim Einsatz der unveränderlichen Programmcodes zur automatisierten Abwicklung von Geschäftsprozessen ergeben. Rechtliche Fragen, die die Blockchain-Technologie betreffen, werden in den kommenden Jahren ein zentrales Thema bleiben.

Fragen der Ethik, Psychologie und Soziologie

Auch ethische Fragen wie Transparenz und Privatsphäre sowie psychologische und soziale Aspekte wie Suchtpotenziale oder Auswirkungen auf zwischenmenschliche Interaktionen, vor allem im Bereich Metaverse, sind noch nicht abschließend geklärt, obwohl bereits seit Jahren intensiv daran gearbeitet wird.

Benutzerfreundlichkeit

In Bezug auf die Benutzerfreundlichkeit zeigt sich eine klare Tendenz, den Übergang von der traditionellen Welt zu Web3 so einfach wie möglich zu gestalten. Einige Unternehmen denken bei ihren Web3-Projekten in den Kategorien von Web 2.0 und setzen diese in Web3 um. Dies betrifft unter anderem den Zugang zu Web3 über E-Mail-Anmeldungen, die Treuhänder-Wallets führen, sowie die Vereinfachung von Zahlungsprozessen durch die Wahl zwischen Kryptowährungszahlungen oder FIAT-Zahlungen per Mastercard.

Das Web3 befindet sich noch in der Entwicklungsphase. Wer heute schon dabei ist, gehört zu den Frühanwendern. Die wenigsten Menschen verfügen über eine Blockchain-Wallet. Hinzu kommt, dass wichtige Aspekte rund um Regulierung, Ethik oder Recht noch nicht abschließend geklärt sind.

6.2 Web3 verändert die Internetnutzung

Jede neue Ära des Internets hat neue Technologien, Anwendungen und Paradigmen hervorgebracht, die die Art und Weise, wie Menschen kommunizieren, Informationen teilen, Geschäfte tätigen und miteinander interagieren, grundlegend verändert haben. Die Blockchain erweitert das Medium Internet um einen wesentlichen Aspekt: den Transfer von Informationen (Internet of Information) hin zum Transfer von Werten (Internet of Values). Dies wird sowohl gesellschaftliche als auch wirtschaftliche Auswirkungen haben. Einige davon werden im Folgenden skizziert.

Digitales Eigentum

Web3 hat durch die Einführung der Token-Ökonomie das Potenzial, die digitale Wertschöpfung sowie traditionelle Wirtschaftsmodelle im Internet zu verändern. Nutzer können durch Token unmittelbar am Wertzuwachs digitaler Güter und Communities teilhaben. Das schafft neue ökonomische Anreize und Geschäftsmodelle. Benutzerorientierte Anreizsysteme könnten manche Branchen der digitalen Wirtschaft disruptieren. Etwa indem Vermögenswerte auf globaler Ebene fälschungssicher ausgetauscht werden können oder indem User im Bereich Social Media für ihre Aktivitäten im Internet (Bereitstellung von Daten, Bildern, Videos, Kommentaren etc.) mit werthaltigen Token belohnt werden.

Prozessoptimierte Branchen-Fusionen

Die Blockchain-Technologie ermöglicht Branchen, effizienter miteinander zu arbeiten. Sie kann als vertrauenswürdige, allen zugängliche Datenplattform genutzt werden, um die komplexe Zusammenarbeit zwischen verschiedenen Akteuren in Produktions- und Verkaufsketten zu verbessern (Zulieferer, Produzenten, Logistik-Dienstleister oder Händler). Dadurch lassen sich Prozesse zwischen den Firmen optimieren, Ressourcen einsparen und eine reibungslosere Abwicklung über die gesamte Wertschöpfungskette hinweg erreichen. Verbraucher bekämen einen transparenten Einblick in Herkunft, Produktionsweg und Lieferkette der Produkte, die sie kaufen.

Von der Suchmaschine zur Antwortenmaschine

KI-Tools führen dazu, dass uns das Internet Antworten liefert. Je smarter die Suchanfrage, desto zufriedenstellender wird das Ergebnis sein. Der Beruf Prompt-Engineering gewinnt derzeit an Relevanz. Das größte Problem dabei sind Fakes. Die Blockchain kann hier als Instrument für den Wahrheitsgehalt rund um ein Produkt (z. B. im Medienbereich, in der Pharmaindustrie oder bei Markenprodukten) dienen. Sie schafft Lösungen für viele Probleme im Internet.

Das Aufkommen innovativer Technologien wie Blockchain, KI und Metaverse als Basistechnologien für das Web3 wird zwangsläufig zu gesellschaftlichen wie auch wirtschaftlichen Veränderungen führen. Die Reduktion von Intermediären, neue Formen der Arbeitswelt und das Entstehen einer

„Digitalen Kluft" (Digital Divide) wirken sich dabei auf die wirtschaftliche Leistungsfähigkeit eines Landes aus.

6.3 Privatsphäre und Datenschutz

Das Web3 schafft eine dezentralisierte Webinfrastruktur, die den Nutzern mehr Kontrolle und Eigenverantwortlichkeit gibt.

In diesem Kontext sind Privatsphäre und Datenschutz zentrale Themen im Web3.

Privatsphäre

Eine der größten zu lösenden Herausforderungen ist das Thema digitale Identität. Die dauerhafte Speicherung von personenbezogenen Daten kann zum Verlust der Privatsphäre führen, aber auch zu Verbesserungen. Identitätsdiebstahl und Missbrauch von sensiblen Daten sind in der bestehenden Web3-Infrastruktur noch nicht auszuschließen. Umgekehrt könnte der aktuelle Trend des anonymen Datenaustauschs im Kryptobereich in einer von einer Blockchain geschützten Umgebung auch umschlagen. Eindeutig verifizierbare Avatare, die auch ihren Besitz auf der Blockchain verwalten, können Datenmissbrauch, Betrug oder Diebstahl im Cyberspace vermindern. Bots und Fake-Accounts auf Social-Media-Kanälen wären durch identifizierbare Identitäten so gut wie eliminiert. Künftige Verbesserungen beim Privatsphärenschutz durch die Weiterentwicklung von Web3-Anwendungen, Kryptografie, Zero-

Knowledge-Proofs und rechtlichen Regelungen sind zu erwarten.

Datenschutz

Web3 verspricht eine Verbesserung des Datenschutzes, da Nutzer die Kontrolle über ihre eigenen Daten behalten. Auf der anderen Seite kann die dauerhafte Speicherung von sensiblen Daten auch problematisch werden. Sie deckt sich nicht in allen Punkten mit der Datenschutzgrundverordnung (DSVGO), die das Recht auf Löschung von Daten vorsieht. Jeder Eintrag auf der Blockchain muss genau auf Fehlerfreiheit bei der Eingabe überprüft werden. Im Zuge der möglichen Veränderungen müssen regulatorische und technologische Standards angepasst und gegebenenfalls neu entwickelt werden.

Das Web3-Ökosystem ist ein globales Phänomen und wächst rasant. Die nächste Entwicklungsstufe des Internets wird das Internet zugunsten seiner Nutzer verändern und die bereits digital agierende Gesellschaft mit neuen, hybriden Möglichkeiten bereichern. Damit dies gelingt, müssen jedoch einige Herausforderungen geklärt werden.

- Staatliche Regulierungen und Förderprogramme spielen bei derzeitigen Entwicklungen eine große Rolle.
- Ein einheitlicher Rechtsrahmen ist nicht in Sicht, sodass auch in Zukunft große regionale Unterschiede zu erwarten sind.
- Die wahre Kunst der transformierenden Umwandlung modernen Unternehmertums besteht darin, Web3-Technologien zu verstehen und anzuwenden.

Web3 im Ländervergleich

Entwicklungen im Web3-Bereich sind sehr schnell, vielfältig und unterscheiden sich stark von Land zu Land. Im Folgenden finden Sie einige führende Länder mit aktiven Investitionen und Umsetzungen im Web3.

USA

Eines der führenden Länder sind die USA (vor allem Silicon Valley, New York, Miami). Der Wettbewerbsvorteil wird durch große Investitionen von Risikokapitalgebern und Technologiekonzernen ermöglicht. Aber auch der Staat arbeitet an einer nationalen Strategie für Web3, um einen Wettbewerbsvorteil auszubauen und mögliche negative Herausforderungen abzumildern. Donald Trump hat das Thema Krypto zum Wahlkampfthema 2024 erhoben.

Schweiz

In der Schweiz gilt das Crypto Valley rund um Zug als zentrale Anlaufstelle für ein täglich wachsendes Krypto- und Blockchain-Ökosystem. Die vergleichsweise innovative Regulierung zieht viele Krypto-Enthusiasten an und beschleunigt die Entwicklerarbeit im Web3.

Singapur

Die gute Infrastruktur in Singapur begünstigt seine Web3-Vorreiterstellung in Asien. Web3-Start-ups werden von der Regierung aktiv gefördert.

Portugal

In Portugal locken vor allem spezielle Visa-Programme und niedrige Steuern zahlreiche Web3-Unternehmen an. Schwerpunkte liegen in den Bereichen FinTech, NFT und Gaming. Die NFC Summit in Lissabon ist eine der wichtigsten Konferenzen im NFT-Bereich.

Frankreich

Die Banque de France experimentiert mit digitalem Zentralgeld auf Blockchain-Basis. Spezielle Regierungsprogramme und die EU fördern die Pariser Start-up- und Kryptoszene. Paris hat mit der NFT Paris-Konferenz eine starke NFT-Community und zieht ein globales Publikum an.

Deutschland

Berlin entwickelt sich zu einem Web3-Hotspot, Frankfurt glänzt durch Krypto- und DeFi-Themen, der Süden zieht in München mit einer stark wachsenden Web3-Szene nach. Regulatorisch agiert Deutschland konservativer als andere Länder.

Saudi-Arabien

Saudi-Arabien möchte die Rolle als globaler Technologieführer einnehmen und fördert die Blockchain-Entwicklung durch strategische Partnerschaften, umfassende Bildungsprogramme und Investitionen in Web3-Technologien.

Weitere bedeutende Länder sind **Großbritannien, Israel, Estland, Südkorea und Japan.**
China und Russland stehen Web3 eher kritisch gegenüber.

Fast Reader

1. Die Geschichte des Internets

Die Geschichte des Internets hat eine kontinuierliche Entwicklung hinter sich:

- Das Web 1.0 bildete die erste Phase des Internets und blieb bis Mitte der 2000er-Jahre auf die Erstellung von statischen Webseiten beschränkt. Nutzer konnten lediglich Informationen lesen, weswegen das Web 1.0 auch als „Read-Ära" bezeichnet wird.
- Mit dem Fortschreiten der Technologien bis hin zu dynamischen Webseiten entstand das heute verwendete Web 2.0. Nutzer können Inhalte erstellen, bearbeiten und teilen. Es wird als die „Read-Write-Ära" des Internets bezeichnet.
- Web3 ist die nächste Evolutionsstufe des Internets, die dezentrale Anwendungen auf Basis der Blockchain-Technologie ermöglicht. Die Verknüpfung von Inhalten mit digitalen Token ermöglicht digitales Eigentum. Es leitet die „Read-Write-Own-Ära" ein.

2. Grundlagen der Blockchain

Die Blockchain ist eine öffentlich einsehbare, dezentrale Datenbank, in der Daten kryptografisch verschlüsselt und im Konsensverfahren von mehreren Teilnehmern eines Netz-

werkes auf virtuelle Datenblöcke geschrieben werden. Die Blöcke werden hintereinander verknüpft und bilden eine „Kette". Sie gilt als vertrauenswürdige Registertechnologie.

- Die Blockchain basiert auf Peer-to-Peer-Netzwerken ohne zentrale Instanz.
- Bekannte Anwendungen sind austauschbare (fungible) Token wie Kryptowährungen (Bitcoin oder Ethereum) und nicht austauschbare (non-fungible) Token, die NFTs.
- Darüber hinaus kann die Technologie zur Abbildung von vielen weiteren Anwendungen wie Eigentumsrechten, Verbriefungen, in der Logistik oder für digitale Identitäten genutzt werden.
- Aktuelle Herausforderungen umfassen Skalierbarkeit, Regulatorik und Interoperabilität. Die größte Kritik des Energieverbrauchs wurde inzwischen weitgehend gelöst.

3. Web3 in Aktion

Die Blockchain eröffnet neue Geschäftsmodelle durch Token-Ökonomie. NFTs regeln die Eigentumsverhältnisse für digitale Vermögenswerte oder Sammlerstücke und schaffen innovative Lösungen für erweiterte Marketingstrategien. Auch das Metaverse, als interaktive 3-D-Version des Internets, entwickelt sich zu einem erweiterten Wirtschaftsraum.

- Industrien wie Kunst, Mode, Sport, Automobil, Verkehr und Logistik, Pharma, Gesundheit, Finanzwesen und viele mehr setzen sich mit Web3-Technologien auseinander oder wenden sie bereits an.

- Große Marken und Wirtschaftsunternehmen haben bereits erfolgreich Web3-Projekte realisiert, etwa durch NFT-Kollektionen, kollaborative Metaverse-Räume oder tokenbasierte Loyalitätsprogramme.
- Die Kombination der Schlüsseltechnologien Blockchain, KI und Metaverse wird die Wirtschaft und Gesellschaft tiefgreifend verändern.

4. Communities

Web3 ist geteilte Leidenschaft, ist Community! Starke und engagierte Communities sind der Schlüssel zum Erfolg von Web3-Projekten. Sie bilden sich um geteilte Interessen wie bestimmte Blockchain-Anwendungen, NFT-Kollektionen oder Metaverse-Welten.

- Je nach Zielgruppe unterscheidet man Gaming-, Entwickler- oder NFT-Communities.
- Um Communities aufzubauen und zu halten, sind gezielte Community Roadmaps mit Belohnungsanreizen für Engagement essenziell.
- Token-Rewards und exklusive Inhalte binden Nutzer nachhaltig.
- Mit neuen Fachbegriffen und Slangs entstehen derzeit zwei voneinander getrennte Welten: die Web3-Community, die eine neue Sprache spricht, und die etablierten Unternehmen, die diese Terminologien nicht verstehen.
- Um dem entgegenzuwirken, hilft Wissensaufbau.

5. Ihr Einstieg ins Web3

Learning by Doing ist die beste Empfehlung für Ihren persönlichen Web3-Einstieg.

- Hören Sie in Podcasts des w3.talk rein oder lesen Sie Artikel über Themen, die Sie interessieren.
- Richten Sie sich eine MetaMask Krypto-Wallet ein und überweisen Sie sich eine kleine Menge an Kryptowährungen, um selbst zu erfahren, wie einfach das ist.
- Kaufen Sie sich ein NFT auf einer Kunstplattform wie SuperRare oder erschaffen Sie sich Ihr eigenes NFT auf der Handelsplattform OpenSea.
- Gestalten Sie sich einen eigenen ReadyPlayerMe-Avatar und lassen Sie dabei Ihrer Fantasie freien Lauf.
- Treffen Sie sich mit Freunden im Metaverse Spatial und erkunden Sie selbst den Unterschied zwischen einem Talk im Metaverse und einem Video-Call. Sie brauchen keine VR-Brille dazu.

6. Die Zukunft des Web3

Insgesamt befinden wir uns im Jahr 2024 noch in einem sehr frühen Stadium des Web3, sowohl was die Entwicklung als auch die Anwendungsfälle angeht.

- Auch rechtlich-regulatorische Fragen sind noch nicht abschließend geklärt.
- Bei verantwortungsvoller Gestaltung kann sich das Web3 positiv auf Wirtschaft und Gesellschaft auswirken und zu neuen Arbeitsplätzen in verschiedenen Bereichen führen.

- Technologische Revolutionen haben immer wieder gezeigt, dass Pioniergeist und Risikobereitschaft entscheidend für Fortschritte sind, die der Gesellschaft zugutekommen.

Die Zukunft ist dezentral – seien Sie dabei!

Die Autorin

Annette Doms ist promovierte Kunsthistorikerin und renommierte Expertin für Technologiethemen. Fasziniert von der radikalen Innovationskraft der Kunst, widmet sie sich seit mehr als 20 Jahren dem Verständnis und der Entwicklung neuer Technologien, heute mit Fokus auf den Bereich Web3. Sie berät Wirtschaftsunternehmen bei der Implementierung und Strategieentwicklung von Web3-Anwendungen und erarbeitet mit Top-Executives neue Geschäftsmodelle. Für die Deutsche Telekom wirkte sie im externen Expertenkreis für das Whitepaper „Digitale Ethik im Metaverse", in einem Wissenschaftsdialog der „Charta digitale Vernetzung" diskutierte sie über die Chancen und Risiken erweiterter Realitäten und des Metaverse.

Annette Doms ist Dozentin, Autorin, Beraterin und Keynote Speakerin und teilt ihr Wissen über zukunftsweisende Transformationsthemen. Als Beiratsmitglied der XRXplorer School setzt sie sich für die innovative Gestaltung von schulischer Bildung durch XR-Technologien ein.

Kontakt:
www.annettedoms.net
www.icaa.ac

Quellenverzeichnis

1   Bitcoin: Ein elektronisches Peer-to-Peer-Bezahlsystem; https://www.bitcoin. de/de/bitcoin-whitepaper-deutsch-html; zuletzt abgerufen am: 15.05.2024

2   Dixon, Chris: Read Write Own: Building the Next Era of the Internet. Corner-stone Press, 2024

3   FasterCapital, https://fastercapital.com/de/inhalt/Token-Oekonomie--Wer-te-freisetzen--Wie-Token-Oekonomien-Geschaeftsmodelle-veraendern. html; zuletzt abgerufen am: 22.05.2024

4   POAP Studios; https://www.poap.studio

5   McKinsey-Studie; https://www.mckinsey.com/de/news/presse/2022-06-21-metaverse; zuletzt abgerufen am: 23.05.2024

6   vgl. Treiblmaier, Horst: Die Auswirkungen der Blockchain auf Wirtschaft, Gesellschaft und Arbeitswelt; in: Der Blockchain-Faktor, Hrsg: P. Sandner, A. Tumasjan, I. Welpe, 2019, S. 19-39

7   Der W3NOW Report; https://www.w3now.de/; zuletzt abgerufen am: 29.05.2024

Register